最深爱的，
最寂寞

吴若权 著

东方出版中心

图书在版编目(CIP)数据

最深爱的,最寂寞/吴若权著.—上海:东方出版中心,2018.9

(爱情书房)

ISBN 978-7-5473-1305-3

Ⅰ.①最… Ⅱ.①吴… Ⅲ.①恋爱—通俗读物 Ⅳ.①C913.1-49

中国版本图书馆 CIP 数据核字(2018)第 132943 号

上海市版权局著作权合同登记:图字 09-2018-443 号

本书由皇冠文化集团授权东方出版中心在中国大陆独家出版、发行中文简体字版本。本书仅限于中国大陆地区发行,不得销售至香港、澳门、台湾及任何海外地区。

最深爱的,最寂寞

出版发行:东方出版中心

地　址:上海市仙霞路 345 号

电　话:(021)62417400

邮政编码:200336

经　销:全国新华书店

印　刷:杭州日报报业集团盛元印务有限公司

开　本:787mm×1092mm　1/32

字　数:64 千字

印　张:7

版　次:2018 年 9 月第 1 版第 1 次印刷

ISBN 978-7-5473-1305-3

定　价:35.00 元

爱情是永远的乡愁（自序）

　　三十三岁那年，初次造访巴黎，有一种前世今生的熟悉感觉。我以为自己上辈子一定是个巴黎人，否则不可能会在完全陌生的城市中，漫步于依稀存在印象的市街，直觉我之前曾经来过。

　　那次旅行，认识一些人，经历一些事，甚至作了一些重大的决定。直到今天为止，我脑海中仍常浮现当初在巴黎仰望天空时的这个念头——如果可能的话，我想结束一切工作，到巴黎重新学画，开始完全不同的人生。

　　那次旅行回到台湾，心里想的都是令我魂牵梦萦的巴黎。

　　三个月之后，我再度去巴黎，希望印证内在的想法，到底只是一时冲动，还是我未来必须依循的直觉。

第二度造访巴黎，我更加肯定自己上辈子绝对是个巴黎人，反而没有那么急着迁移过去定居。巴黎，是我心灵的故乡，是我永远的乡愁。

后来，随着年纪渐长，我慢慢懂得了那样的爱恋。

当你真心爱上一个人，这段感情将会是你永远的乡愁。

你对它从一开始就有似曾相识的熟悉感，你仰慕，你依恋，你担心自己不配，可是你对它不能拒绝，你对它近乡情怯。

你在它面前，犹如回到母亲的怀抱，亲密、柔软、安全，即使面对人生中难以承受的离弃，连遭遇背叛都能体谅对方必定有很多的不得已。因为，那段爱情，无论完成了或未完成，它都是你的心灵故乡，愈是没有得到，离开它愈远，你的乡愁愈深。然而，最深爱的，总是最寂寞。

十几岁的你，已经体会过乡愁的滋味。你爱上隔壁班的同学，喜欢经过他（她）的教室，远远看着他（她），光是这样就足够。你没有带走他（她），却把心给了他（她）。

如果你年纪很轻时，曾经有过离家的经验，就更知道我所描述的乡愁，是怎样的一种想念、一种忍耐、一种甘愿。

到了二十岁、三十岁，幸运的话，你得到真爱，用世俗的眼光来看，你终于在感情的世界享受衣锦还乡的荣耀，多么值得恭喜。

若没有如愿，真爱终究有一天，成为你心中永远的乡愁。在你的记忆里，它依旧美好，美好到连遗憾都容不下。

你和它之间，只有最长的思念、最深的祝福。

或许正因为你没有得到它，就像前世中你回不去的故乡，再怎么酸楚的想念，都像是天堂。

爱情，是永远的乡愁。而且，最深爱的，最寂寞。你从来不介意比对方付出千百倍之多，你也不渴望对方知道或回报什么。你和他（她）之间悠长得像没有终点的回忆，会令你觉得此生已经足够。

寂寞，因此成为一枚成长岁月里最光荣的勋章，证明自己多么深情地爱过。

《最深爱的，最寂寞》是我出版的第九十七号作品，献给每一个心中还有想念的人。

目录

PART—2

男人也需要一个怀抱

PART—3

挥霍和你共处的时光

PART—4

原来爱情也该足智多谋

PART—5

孤单，在想念中狂欢

PART—1

失去才懂得完整的意义

失去一段感情，得到一份成长。每个人都是完整的，没有任何的缺损。

分手的意义，其实是让自己解脱，不要跟这些往事作困兽之斗，进而从比较理性的距离，向内看自己的内心深处。

疗愈感情的创伤，解铃还须系铃人。不是对方，而是自己。因为会让我们受伤的，不是对方的言语或行为，而是自己对这些言语和行为的反应。

最深情的无情

> 爱情中可以最不食人间烟火的，其实是已经分手的关系。那些封存的记忆，是无瑕的美丽。

分手之后，你会再和前任情人联络吗？

我不会。

所以，我很羡慕那些可以和前任情人继续做朋友的人。我不知道他们是怎么做到的，也不知道他们如何和自己现在的伴侣解释这层关系，更不知道他们是否会在意对方的现任伴侣是怎么想的。

总之，和前任情人继续做朋友，是很了不起的关系，非我能力所及。我承认那是很大的爱、很宽的包容、很深的慈悲。十分惭愧，我真的没有办法。

或许看到对方，我的心还会勾起往日回忆。

即使已经没有爱，也没有恨了，但我知道我们有过怎样的过去，那绝对不是一般朋友的关系。曾经生死相许，曾经爱对方多于爱自己。如今，云淡风轻了，我如何坦然面对，如何温柔安抚，那个放开后花了很多心力才逐渐痊愈伤痕的自己。

所以呢，代表我还没有放下吗？

其实，倒也未必。

有没有放下，跟要不要再联络，是两码事。已经放下，不一定要再联络。可以再联络，也不见得已经放下。

一位交情很好的女性朋友跟我说，她和男友分手多年，已经全然放下了，但就是不想和对方联络，包括彼此共同的好友，都在分手的刹那，全数割舍。其他朋友都惊讶地说："你做得好绝喔！"甚至有人怀疑地问：

"你确定真的放下了吗?"

她知道我可以百分之百了解她的心情以及做法,所以故意调皮地问:"你觉得我有没有放下?"

有没有放下?自己最清楚。当你想起那个曾经牵动你所有喜怒哀乐的人,心中是否还有埋怨、恨意、遗憾、伤痛,甚或爱恋?如果都没有这些情绪,表示你已经把很大部分的挂碍都放下了。

至于要不要跟对方联络,或跟共同认识的朋友继续密切往来,这是个人交友的原则问题,和有没有放下并无绝对关系。

更进一步想,或许这也是一种慈悲的心情,让分手后的彼此,都可以彻底地平静,心湖不再激起任何涟漪。

其实我心中还有一个自私的秘密，不和前任情人有任何联系，是为了将彼此的印象留在当时最美好的一刻。在分手当下给对方的祝福，足以美化岁月的痕迹，后来的柴米油盐酱醋茶，都无须再被提起。

原来，爱情中可以最不食人间烟火的，其实是已经分手的关系。那些封存的记忆，是无瑕的美丽。分手后不再联络，并非表面上那般无情，而是只有当事人才会懂得的深情。

证明我曾爱过你

> 无论两人相爱一场的结局是否相守，一段品质好的爱情，足以拓宽个人世界的领域，至少会给我们尝试挑战不同人生的勇气。

经常倾听朋友情伤的故事，好像每个人的遭遇都很惨。好友问我："听悲惨故事的次数多了，会不会让自己不相信爱情？"

其实，我内心有很清楚的界限，或者可以称之为防火墙，让自己对爱情的信仰，不要被这些吐苦水的朋友影响。甚至，在别人负面的经验中学习成长。

这些领悟，看起来好像很不简单，做起来却没那么难。因为只要仔细聆听所有伤心的过往，会发现除了分手的痛楚之外，爱情还是会带给当事人一些内在成长的意义。

失去一段感情，难免会觉得难过。但是，很可能在爱情离开之后，看到自己的一些改变，这是很宝贵的资产。伤心悲痛之余，回头看失去爱情的自己，好像多了点从前没有的东西。

有个女孩从前很偏食，连葱的味道都排斥，尤其不敢吃辣，交上喜欢麻辣口味的男友之后，吃火锅先从鸳鸯锅开始，起初夹鸭血还要先在白汤涮过才愿意吃，后来连泰国菜的酸辣海鲜汤都能上瘾。

家人朋友很惊讶于她的改变，只有她自己知道爱情的力量有多么巨大。即使那一段爱情走了，她对美食的味蕾却被打开。

另一个拥有雪白牙齿的男孩告诉我，他本来并不重视刷牙这件事。尤其早上起床迟了，赶时间上课往往刷牙都是随便应付一下，直到结交一个是牙医的女朋友，还曾经送他一把电动牙刷，他才体会到正确刷牙的重要性及好处。

分手两年多，他每天早上起床刷牙时，都会想到前女友，但并不是旧情难忘的那种情愫，而是谢谢她，带给自己一些生活习惯的改变。

爱情走了，伤心之余，很可能留下一点改变你一生的东西。

例如：打开对美食的味蕾，让牙齿变得亮白……听到这里，有些生性悲观的朋友问我说："会不会太功利了?"他很难想象或期待，爱情必定要给失恋的人带来这么具体的利益。

其实，我并不特别奢望恋爱对于个人成长的功能性，但也不会排斥如果有这些好处的利益。因为我深深相信：无论两人相爱一场的结局是否相守，一段品质好的爱情，足以拓宽个人世界的领域，至少会给我们尝试挑战不同人生的勇气。

但是，如果很遗憾地，你的爱情走了，除了把心给重重地摔碎之外，什么也没有留下，那真是太悲哀，我只能安慰你：遇人不淑吧！

有时候一段爱情给我们的改变，并没有任何的功利性。

例如：我并非从小就习惯把表戴在右手，而是喜欢过一个人之后，想跟对方拥有一样的偏好而做的改变。那是二十几岁的事了，你现在要我把手表改戴回左手，我反而很不自在。

　　手表戴在哪只手上，并没有任何实质的意义。对我来说，却是一段美好的记忆。如果你要追问我，到底有没有什么益处，想来也是有的，那就是：证明了我拥有愿意主动为所爱的人做些改变的能力，这点信心就足以让我觉得自己会是幸福的人。

当你成为别人的新郎

> 从感情结束的那一天起，彼此都不是对方的牵挂。各自结婚要不要通知，已经不是人情道义的范畴，如果爱情已经可以改变成友谊，默默祝福对方即可。

若要以电视剧的观点来说，"他要结婚了，新娘不是我!"真是老梗。可是，当一个二十三岁的女孩，接到前男友通知即将结婚的消息，还问她"你要不要从日本赶回来参加我的婚礼?"时，若要说这是她感情阅历的一枚震撼弹，似乎也没有什么不可以!

在日本留学的她，跟我说："刚接到通知的那一刹那，脑海一片空白! 后来才慢慢想起和他之间的点点滴滴!"

果然年龄和性别差异，让我们对这件事的体验，截然不同。

活到我这个年纪，前任情人结婚而对象不是我这种事情，发生的次数太多，也就渐渐麻痹。而且，反应的顺序也不相同，我是慢慢想起和她之间的点点滴滴，然后脑海才一片空白。

如果对方是我付出过很深感情的对象，或许我还会默默地献上祝福，但已经不容许自己太过于刻意，怕矫情了。

印象比较深的一次经验，是女友和我分手后，不到半年就闪电结婚，她没有通知我，但是参加过婚礼的朋友都说："新郎长得很像你，连气质都一模一样!"这才叫我百感交集。

当我的人生阅历丰富之后，知道感情和婚姻的变数太多，姻缘注定的说法，并非完全是迷信，而是一种对命运的臣服。没有嫁给所爱的男人，没有和心爱的女人结婚，虽然是遗憾，但让幸福留在美好的回忆里，不要让自己在柴米油盐酱醋茶中受折磨，也未尝不是一件好事。

这时候讲这些人生大道理，难免流于说教。我只好跟那位收到前男友喜讯的女孩说："你就好好空白一下吧！毕竟，这也是很难得的经验呢！"几天之后，她告诉我："其实也不是很伤心，就只是感触很多。"

其实，我比她的感触更多。除了勾起自己过去的经验之外，最难的是我无法告诉她真正的感受。因为我很意外地发现，她的前男友有自恋加幼稚的一面。

前男友要结婚了，不但越洋通知她，还问她要不要出席婚礼？

这种心态很可议。

若换作是我，宁可选择暂时不说，或是等婚礼结束后隔天再跟她发个讯息，无论通过脸书或手机都可以。

从感情结束的那一天起，彼此都不是对方的牵挂。各自结婚要不要通知，已经不是人情道义的范畴，如果爱情已经可以在岁月中改变成友谊，默默祝福对方即可。

"你要不要从日本赶回来参加我的婚礼？"这是很无聊的问题，前提并非"我现在跟你是什么关系？"而是"你要帮我出机票钱吗？"

通知前任情人千里迢迢来参加自己的婚礼，这种想要锦上添花的事，若非自恋加幼稚的男人，怎么会做得出来？

　　这是最残忍的喜讯，让人看见爱情中识人不明的难堪。

恨你所爱的人

　　　　　爱的反面，不是恨，不是冷漠，而是恐
惧。爱与恨是相生相衍的情感，你还会恨
他，表示你还爱他。最怕是有一天，连恨都
没有了，两人的关系才是真正的归零。

感情，是最微妙的东西。

它让我们分不清楚自己为什么这么矛盾？

尤其，是当你恨着你所爱的人。你好爱他、好爱
他！偏偏，又恨死他了。特别是在他做出不符合你期待
的事情，而你又离不开他的时候，恨你所爱的人，便成
为一种错综复杂的情绪。

这时候的你，会问遍所有你最信任的亲友："我该
离开他吗？"每个人给你的意见未必相同，但仔细归纳
整理之后，你发现建议中止这段感情的意见居多，其他
人只是怕你伤心，没有把话讲白了。

鼓励你继续下去的票数，很可能不到百分之五。

结果，你还是离不开他。甚至，你还会自圆其说：

必定是你太生气了，失去理智时把对方讲得太不堪，难怪亲友都误解他。甚至，你还觉得愧疚，不应该在背后这样说他。

很多人赞同这个说法，爱的反面，不是恨，不是冷漠，而是恐惧。爱与恨是相生相衍的情感，你还会恨他，表示你还爱他。最怕是有一天，连恨都没有了，两人的关系才是真正的归零。

我常听很多男女倾诉他们在感情中碰到的困扰，当对方的表现与期待不符时，就会出现这两种情绪，不是"恨你所爱的人"，就是"爱你所恨的人"。

甚至，两种情绪兼而有之。我们既恨所爱的人，又爱所恨的人。

而且，爱与恨的对象就是同一个人。只不过因为不同的时间、不同的事件和不同的心境，让我们同样的既爱又恨。

典型的纠结是这样的：他昨晚竟然跟朋友喝到半夜两三点才回来，事先都没跟我讲，气死我，恨不得他被警察抓去关住算了；虽然他这么可恶，但是对我和家人还蛮照顾的，为这种事情闹翻，会不会太小题大做？

爱情世界里，只要你没看开、没想通，类似的矛盾与挣扎，永远不会停息。唯有当我们把自己的内在，提升到能够超脱小情小爱的层次，从"恨你所爱的人"跨越到"爱你所恨的人"，才会展现慈悲的力量。

前述典型的纠结，在心念转变之后，成为：他一定是心情很苦闷，昨晚才会跟朋友去喝到半夜两三点才回来。他事先都没跟我讲，让我很愧疚，应该是我平常不够关心他才会这样吧，幸好他平安回来，没有肇事被警察抓去。

当对方不仁不义，我还可以不离不弃，以原谅的心情陪伴他。这肯定就是大爱了，或许凡人不能及，却是一个标杆，可以看齐。

无从比较的长短

> 所有关于"热恋期"与"疗愈期"的长短计算，其实并不正确。人生所有的快乐与痛苦都是无从比较的，连快乐与痛苦的时间都无从比较。

爱上一个人，只需要一秒钟；忘记一个人，却需要一辈子。

网络上，类似的句子广为流传，但是，对于很多真正爱过的人来说，有时候忘记一个人，是一辈子都无法做到的事。我们顶多只能提醒自己，不要再想起；然而，这样的提醒，表示从未忘记。

科学研究说，"热恋期"的长度，最多只能维持十八至二十五个月；似乎没有人研究过，"疗愈期"究竟要多久？或许，是比一辈子更长的时间，所以还没有人能够把它研究完成。

因此，一位谈起感情还是很理性的朋友说，恋爱绝对是最不符合投资报酬率的事，你看"热恋期"最多就是两年，分手后伤心的"疗愈期"却那么长。

所以呢，还是不要开始比较好吗？或是，恋人应该把努力放在延长"热恋期"，以及缩短"疗愈期"？

爱情，从来就禁不起理性的分析！难怪太过理性的人，在恋爱中不会太快乐。因为，他们太过精明了；而精明过头的算计，非常不适合用来恋爱。所有关于"热恋期"与"疗愈期"的长短计算，其实并不正确。人生所有的快乐与痛苦都是无从比较的，连快乐与痛苦的时间都无从比较。

幸福的人，就是懂得把短暂的快乐，化成一辈子的记忆。"疗愈期"的时间虽漫长，却能在痛苦中快乐地度过，也就是那句深刻而耐人寻味的话——"痛，并快乐着"，或许会有点苍凉，但比起苍白到什么都没有的人生，还是丰富多了。

　　能够在"疗愈期"中安定自处的人，无疑是拥有了无可取代的幸福，让伤口慢慢地结痂，然后在复原中产生比从前更坚强的力量。或许，这就是失去的爱情，带给我们最珍贵的礼物。

　　无法在"疗愈期"中泰然自若的人，往往沉溺在无药可救的心碎里怨天尤人，甚至愚蠢地以为可以借助另一段"热恋期"，来帮助自己缩短"疗愈期"的时程，所以造成恶性循环，痛上加痛。

原谅劈腿的理由

> 在爱情面前，若愿意让自己的态度，展现适度的谦卑，反而可以因此触及内在伟大的特质，得到更多的幸福。

他到外地工作半年，好不容易请调回来，结束和女友两地相思的苦楚。"小别胜新婚"的热烈，让他们的激情继续燃烧一段时间，但敏感的他终于还是发现，她跟过去不太一样，有点不对劲。

她没有承认什么，来自脸书朋友们提供的蛛丝马迹，帮他证明了自己的猜测——就在他离开的半年间，她劈腿爱上别人，直到他快要回来的前一个月，才斩断烂桃花。

他没有拆穿这一切，只是提醒自己要多观察。

尽管内心很痛苦，为了继续爱她，他宁愿独自承担。

当所有的纷扰终于回归平静，他尽一切努力抹去心中的疙瘩，还是有网友问他："你是怎么想的，竟然可以原谅对方？"

深思熟虑过后的他，果然心中有最佳解答："仔细想想，她是很怕孤单的女孩，是我自己不好，为了事业忽略她。如果我一直把她带在身边，就不会发生这样的事。"

听闻这段说法，朋友的反应很两极——有些很感动，有些等着看好戏。

毕竟，原谅背叛并非容易的事；而且，有些背叛是积习难改。

有关他们的故事，发展到今天，还算是幸福地继续着。经过那些风波，彼此更加相知相惜。

　　人生的路还很长，连我都不敢替他们预测，说未来一定不会有什么事情发生。但是，我可以确定的是：在爱情面前，若愿意让自己的态度，展现适度的谦卑，反而可以因此触及内在伟大的特质，得到更多的幸福。

　　如果他发现自己被对方背叛后，只是一味地怪罪她，甚至连原谅都附带条件，逼她承诺什么，或禁止她再怎样怎样，破镜重圆的可能性就很低，即使勉强在一起，都不会真正地快乐。

　　或许，他真的很傻，替她自圆其说，也只是为了让自己好过。但是，这不就是傻人有傻福？

　　哪个善于精明计较的人，最后可以得到真正的幸福？

愿意原谅对方劈腿的理由，一定有千百种，例如："她只是一时禁不起诱惑""是我没有好好看顾她""她已经悔改""她是初犯，再给她一次机会""她只是贪玩"……

但是，真正的理由只有一个，那就是："我还爱着她！"

分手何必问原因

> 骆驼之所以会倒下，最重要的原因是积累太多的压力，以及没有及时喊停。最后那根稻草虽然很关键，却不是真正的理由。

在劈腿风气很盛的年代，如果是因为对方对感情不忠而分手，固然令人十分心痛，但是彼此至少很清楚这段感情必须告终的主要原因。

在类似的分手经验中，失恋的朋友都说：在所有分手原因中，劈腿是最令人心痛的一种。而且我还发现一个很奥秘的观点，因为劈腿而分手，恨的都只是对方劈腿而已，仿佛其他缺点都不存在。

我听到的抱怨都非常近似，典型的说法是："他真的很好，我们相处也没有问题，怎知他会背着我做那些事？"我想是因为被劈腿的感觉太痛了，掩盖过其他所有的问题，也彰显了自己的无辜。

相对之下，不是因为其中一方劈腿而导致分手的个案，讲起分手的原因都会变得语焉不详，诸如：个性不合、时间到了、缘分已尽……甚至想不起来分手的真正理由。即使印象中曾经为一件很琐碎的小事情，闹到不欢而散，却不是很记得是哪件事，就算记起来，还是深深不解，怎么会为这样的小事而分手？

导致分手的小事，俗称为"压倒骆驼的最后一根稻草"，我听过许多导致感情破裂的最后一根稻草，包括：相约看一场电影，对方没有预告地迟到三十分钟；打了三次电话，对方都没接；跟对方索取一本借去看很久的书，他才说把书弄丢了……这些都是生活上的小事，两人却因此吵架而分手，好像有点不可思议。

很多人听过"压倒骆驼的最后一根稻草"这个典

故，却不知道它是来自阿拉伯的寓言。农夫想测试他养的骆驼，究竟可以承载多少重物，于是将稻草不断往上堆，直到最后一根稻草压倒了骆驼。可见骆驼之所以会倒下，最重要的原因是积累太多的压力，以及没有及时喊停。最后那根稻草虽然很关键，却不是真正的理由。如同很多分手原因，听起来很莫名其妙。真相却是累积太多细琐的原因，到最后非但说不清，也不想弄清楚。因为，只要能好好离开对方，无论是什么原因都不重要了。

我是不是伤到你？

疗愈感情的创伤，解铃还须系铃人。不是对方，而是自己。因为会让我们受伤的，不是对方的言语或行为，而是自己对这些言语和行为的反应。

事隔多年以后，他在脸书上收到一则留言，来自他曾经深深爱过的女孩。他这些年没有交往新的女友，都是因为那段情伤没有痊愈。

她突然很认真地问："那时候，我是不是伤到你了？"

光看这句话，他的眼眶立刻泛红，到底还是屏住呼吸，先回去点阅她的网页，看到她分享的照片，判断她后来交了新的男友，一路幸福到现在，深深为她祝福。他终于以一笔勾销的气概回答："没有啊，你别这么想。过去的都过去了，你现在过得好，我就很开心。"

严格说起来，"那时候，我是不是伤到你了？"这个问题，确实是很难界定。我们都曾经在爱情中受伤，但是真的很难说，这些伤都是对方给的；甚至大多数的时候，是不自量力的我们，自己伤到自己。

虽然每个人在追求到爱情之前，都会希望自己表现得很勇敢，但是当对幸福患得患失的时候，立刻变得非常脆弱。对方任何一点不符合期望的行为，都足以对你造成致命的伤害。

小从他没有按照约定的时间打电话给你；你陪他走了一个钟头的路回家，而他以房间没有整理为由，没有邀请你进去坐；他跟朋友出去玩，没有问你要不要一起去……大到他劈腿偷吃，借钱不还，甚至用你的钱包养别人……

这大大小小的事件，都可以说是他对你的伤害，且也可以说跟对方无关，是你自己的选择。造成这样的结果，即使你不喜欢，也要对自己的选择负责。

如果你在爱情离开以后，还觉得对方害你受伤，甚至很长时间都走不出去这个伤心的阴影，表示你自怨自艾的背后，都在等着向对方讨回公道。

然而，对方真的没有欠你什么，即使有很多情债、钱债，也在决定分手的当下一笔勾销了。如果你不甘愿，只能针对违法的部分，透过协调或诉讼，获得客观的论断及审判。

假使分手多年后，你还在等待对方慰问或致歉，认为这样才能疗愈自己，就真的很难完全复原。

"那时候，我是不是伤到你了?"有时候只是很有礼貌的问句，即使对方真的发自真心，也想要弥补什么，但一切真的都过去了。

她事后的关心或歉意，或许让你好过一点，但绝对不是仙丹妙药，甚至会像吗啡一样，会让你想愈要愈多。

疗愈感情的创伤，解铃还须系铃人。不是对方，而是自己。因为会让我们受伤的，不是对方的言语或行为，而是自己对这些言语和行为的反应。

在天长地久中释怀

千古以来，不变的道理是："曾经拥有"和"天长地久"的比较，不只是时间的长短，还有相处的质量。

各自年龄都超过九十岁的一对老夫妇，结婚七十多年来，相处非常恩爱。老先生还说，他要照顾太太到一百岁。

他们的儿子接受媒体访问，提到父亲维持婚姻幸福的秘诀，就是坚守"四不一没有"的原则——"不烟、不酒、不赌博、不吹牛，没小三"。不可避免地，婚姻生活中，两人偶有争执，都是父亲先低头。

很多人羡慕天长地久的爱情，甚至期许自己可以和伴侣天长地久，但是很可能那只是一个愿望而已，完全忽略该有的努力与忍让。

当初相见时"天长地久"的期盼，很快就成为"曾经拥有"的遗憾。若勉强在一起，还是苦多于乐。

　　维持感情非常不容易，就算两个人是天赐良缘，情投意合，若不能彼此体贴，好好相处，在一起的时间愈长，经历的痛苦就愈多，如同把七零八落的老爷车开上偏乡年久未修的道路，即使里程可以破金氏纪录，旅途却未必快乐。

　　前述老夫妻能幸福相守的实例，或许还有不少；但是，多数长辈天长地久的经验，都是互相折磨比较多。

　　上一代的婚姻观念比较保守，正式结婚后不会动不动就轻易地提分手。小至柴米油盐酱醋茶间的摩擦，大到老公跟小三逍遥，太太还是可以不动声色。

　　微妙的是，当多年以后，老伴撒手人寰，问老太太这一生幸福吗？还可能得到肯定的答案，只因为她在岁月的洗练中，学会忘了伤痛，只记起对方的好，或只看到自己牺牲的值得。

我曾经访问过一个在婚姻中过得很惨的老太太，婆婆生前百般凌虐她，丈夫曾经两次出轨，她还是认为自己这一生过得很快乐。

"若不是嫁给他，我怎会生出这么好的儿子。"她说。

度过几十年的灰暗的日子，那些忍让的时光，让生活继续。对上一辈的女人来说，原来"曾经拥有"会留下比较多的喟叹，唯有"天长地久"之后才能体会那些不得不的释然。即使过得很苦，也会有价值。

感情和婚姻的观念，难免在世代交替中有很大的改变。年轻小姑娘未必能体会或赞同老阿嬷对幸福的想法。然而，千古以来，不变的道理是："曾经拥有"和"天长地久"的比较，不只是时间的长短，还有相处的质量。

但是，快乐未必是人生的全部，深刻的苦痛或许也是另一种成长的经验，只要出于自己心甘情愿的选择，任何经验都在无怨无悔中显得珍贵。

最深的感情纪念

当你已经结束这段感情一些时间后，会用什么方式纪念？最好是既可以疗愈内心的沧桑，又不会打扰对方。

有一阵子，他身边的朋友都非常不明白，一个不到三十岁的男人，为什么每个月都会买亲子杂志来阅读，而且还看得很仔细，难道真的是要提前给自己预习，将来如何成为标准的好爸爸？

这个猜测，顶多对了十分之一。对他而言，多看点杂志、吸收资讯，总是不会错的。但是，他之所以勤于阅读每月刊出的亲子杂志，是因为女友在杂志社里当采访编辑。温柔体贴的他，想要分享女友工作的成果，见面聊天时也可以有共同的话题。

即便后来他们分手了，他还是有固定买亲子杂志的习惯。每次经过书店或便利商店，都会带上一本，付账后马上翻到版权页，看看是否有她的名字，再看看目录页，抢先阅读她采访报道的文章。

几年后，她换工作到以报道美食为主的杂志社，而且还荣升主编。念旧的他不但继续阅读亲子杂志，还多买了一份她负责编辑的美食杂志，无论她是否知情，都默默献上关心与支持。

每当大家在批评男人多坏、多呆、多不浪漫的时候，我都会想起这个男性朋友对感情的付出，的确十分与众不同。

当你已经离开这段感情一些时间后，会用什么方式纪念？最好是既可以疗愈内心的沧桑，又不会打扰对方。

如果对方是个创作者，持续欣赏对方的作品，甚至以实际的购买行动表达支持，或许是很浪漫的方式之一。倘若对方只是很平凡的人，但是曾经在交往过程中留下美好的回忆，重新温习这些记忆，或许也是抚慰心灵的温柔力量。

有个住在南部的男性朋友不论春夏秋冬，随时想到就会去吃八宝冰，还好那是百年老店，一年三百六十五天都卖冰。不过，更重要的原因是，他初恋的时候，都会骑摩托车载女友去吃冰。尽管事隔多年，吃冰的享受还是会唤醒他关于青梅竹马的记忆。

另外有个女性朋友，存了很多年的钱，再度飞往巴黎，旧地重游的目的只是想要温习大学毕业那年到欧洲旅行的一段短暂艳遇。她没有打电话通知对方，只是造访他们常去的咖啡馆和酒吧，回味年轻的岁月。

　　这些纪念感情的方式，都很浪漫、安全，也不伤及别人，对自己内心深处的创痕，也可以有所疗愈。

　　我想，其中最宝贵的部分，并不是他们用什么方式去纪念心中最深的感情，而是他们在那段感情过后，已经变成更成熟的自己。是因为这个原因，才不会有触景伤情的负面效果，眼前所见、心中所想，都是温柔美丽。

PART—2

男人也需要一个怀抱

别说女人不懂男人，因为多数男人也不懂自己。性感的男人、感性的男人、纯真的男人、贴心的男人……究竟哪一种，最受宠爱？

每个男人无论真实年纪多大，心中都躲着一个长不大的男孩。这个长不大的男孩，常让他身边的女人心动又头痛。

只有很少数的男人，懂得在不花大钱的情况下，展现自己的品味。也只有更少数的女人，会知道如何欣赏这些不是靠钱堆出来的品味。

性感男人是极品

> 性感的男人都有一个特点：投入时非常
> 专注，令女人着迷。

通常"性感"大多用来描述女人；但其实有些男人很性感，是爱情中的极品。能碰到性感的男人，是女人的幸福。

所谓性感的男人，有的阳刚，有的斯文，没有固定的外貌或体形，不过他们都有一个特点：投入时非常专注，令女人着迷。

当然，性感的男人不会是工作狂，他会享受生活。一杯咖啡、一顿晚餐、一场电影。或许，时间并不长，但是，两个人在一起的时候，他眼底只看着女伴，含情脉脉。他若不是在任何时间都要十指交缠，就是在很关键的时刻轻轻碰对方一下。用巧妙的肢体语言，随时提醒她："我很爱你！"而这四个字，若是刻意说出来，永远没有比不经意做出来的动作，更能够让女人心动。

性感男人的床技肯定不会太拙劣，更值得肯定的重点是：他在乎女伴的感受，不会为所欲为，或只图自己的爽快。他会伸出胳臂，让她当枕头，麻痹了还舍不得翻身。

男人若表现如此性感，少不了有点感性。对美的事物，心有所动。但是，他不会让感性泛滥。看电影到动容的地方，会让眼泪轻轻落下，然后不留痕迹地悄悄擦去。他不是会号啕大哭的那种男人，太过于爱哭的男人，感性过了头，会有点软弱。

真正性感的男人，不会失去理性的一面。因为男人的理性，让女人有安全感。

品味的层次与格局

> 只有很少数的男人，懂得在不花大钱的
> 情况下，展现自己独特的品味；也只有更少
> 数的女人，会知道如何欣赏这些不是靠钱堆
> 出来的品味。

自信在感情上已经阅人无数的女孩，很老江湖似的说，她看男人的第一眼，并非五官，而是皮鞋和手表！她的观点确实没错，很多涉及两性的书和杂志都这么教过，我意外的不是她年纪轻轻就懂这些，而是认为她应该还可以谈几段纯真的恋爱。

而且，我怀疑她过去交往的对象，至少是有点年纪的熟男。因为年轻的男孩若已经很懂得重视皮鞋和手表，可能是花爸妈的钱买来的，顶多证明他多少懂了一点品味，并不能表示他具备拥有这些品味的消费能力。

男人的品味，固然是学来的，多数时候还是要靠金钱去包装。只有很少数的男人，懂得在不花大钱的情况下，展现自己独特的品味；也只有更少数的女人，会知

道如何欣赏这些不是靠钱堆出来的品味。

红尘男女，一不小心就掉进品味的陷阱，只看到靠金钱堆出来的门面，没有相当的气质与之匹配。

一位认识多年的女性朋友，跟我分享她的感慨。

七八年前，她认识一个很有工作潜力的男人，虽然他表现出很积极的态度，想要跟她共谱恋曲，但一起吃过几次饭之后，她还是很犹豫。两人的进度，徘徊在"友达以上，恋人未满"之间。

后来，他们疏于联络，友谊和感情都逐渐不了了之。

再度重逢的时候，他已经发达。靠着经营贸易，事业做得非常兴旺。果然，她留意到他的皮鞋和手表，已经是和当年完全不同的档次。但是，真正的品味还是要有内涵支撑。

生意成功的他，依然像从前那样，爱抱怨、爱计较、爱批评，短视近利不打紧，搭高级饭店的电梯，还旁若无人地抽了两口烟。

亲眼看见他赚钱的能力升级，跟着提高消费的档次，却没有真正提高品味的层次，她感慨万千地跟我说："观察男人，毕竟不能只看皮鞋和手表。"

这时候的我，才确定她爱情品味的层次提高了，格局也变大了，不再仅围着物质条件打转，至少懂得增加对内涵的考虑。

换我感慨万千地想着：女人的长进，似乎还是远远走在男人的前面。

男儿泪里有灾难

> 男人个性软弱也不是什么大错；但是，
> 若个性软弱联结着不负责任的特质就非常恐
> 怖，绝非女人可以承受。

男儿有泪不轻弹！

这是传统教养观念，未必能跟上时代潮流。新的教养观念，并不刻意压抑男性的情绪，甚至鼓励男人勇敢表达情感。

可是，男儿有泪不轻弹，永远是两性相处的王道。

关于男人的眼泪，我已经在过去的作品中做过很多的讨论。男人不是不可以哭，只是不要太爱哭。当男人多愁善感到过于频繁的一种地步，很容易让女人没有安全感。

偏偏，涉世未深的女人，常落入男人眼泪的陷阱。通常女人一看到男人哭，就从内心深处激发出强烈的母性，立志要当他的救世主。女人的误解是：他竟在我面前哭！在为他的真情流露感动之余，也有一种无法言喻的骄傲，认为他的情感已经彻底赤裸呈现。

男人碰到挫折或感伤的事，能够不过度压抑情感，甚至流出眼泪，确实是好事。但是，如果他非常爱哭，而且还会很明白地以哭泣作为沟通或情感的诉求，女人一定要非常谨慎小心，有没有可能是一种情绪的勒索？若不是情绪的勒索，会不会是因为他的个性太软弱。

或许，男人个性软弱也不是什么大错；但是，若个性软弱联结着不负责任的特质就非常恐怖，绝非女人可以承受。

有位女性读者跟我说，她和男友正式约会的第一天，他就在她面前落泪。原因是他提起分手两年的女友，还说他失恋以来的这段时间，几乎想到对方就会流泪。

当时她觉得很感动，"啊，多么深情的男人呀!"等到她答应和他正式交往，就发现情况真的非常不妙。

他爱哭也就算了，还很没担当，尤其对感情不负责。他经常以旧情难忘为由，去看前女友的脸书，还边看边哭边点赞。

她知情后，气炸了，失去理智，破口大骂："你把老娘摆在什么位置?"

这句话不仅惊吓到男友，让个性软弱的他感到害怕，直想逃走；同时也让她惊醒——什么时候我从一个温柔婉约的女孩变成这个男人的老娘了?

　　是的！这就是跟爱哭男人在一起，女人最大的悲哀。他抢着扮演弱者的角色，她只好发挥为母则强的本事。偏偏，她比较想当个被呵护的小女人啊！

谁比较虚荣?

当女人把男友当炫耀品，虚荣到对外夸口自己的男人有多好时，就完全满足了男人的虚荣心。男人的虚荣，跟女人比起来，一点都不逊色啊！

历经曲折的追求过程，他好不容易跟她"有情人终成眷属"，却在她的住处过了一夜后，感到惶恐及后悔。他发现：原来，她是个虚荣的女人。

其实刚开始交往的阶段他就知道，她爱用名牌，爱跟朋友比较，从外貌到名牌包包……当时，他只觉得女生都会这样，没什么好介意的。如今却觉得自己当时是被爱冲昏头，自从他看见她的衣橱，堆满商场买回来的过季名牌货以及可能永远都不会穿的高档二手衣。他不免心想：以后的婚姻生活若是这样，他该如何和这个爱慕虚荣的女人相处？

渐渐地，除了时尚品牌，他留意到，她开始会跟朋友炫耀，男朋友的工作、收入、汽车……虽然他不是最顶级的，但是至少说出去不会丢脸。关于这一点，他的感受很复杂。虽然深获肯定，却也有些莫名的压力。

甚至，还有一些小小的疑惑：她究竟是爱我的人，还是我的外在条件？

关于她的这些小小的虚荣渐渐累积成大大的嘲讽，已成为爱的路上让他有点进退两难的障碍。会不会有一天，她跟其他拜金的女人一样，眼里只有物质，没有心灵的成长？

直到有一天，他从大学时最好的朋友口中知道，她跟共同认识的朋友说起他，把他形容得像是完美男人似的，说他非常温柔体贴，不但主动帮忙做家事，还会帮她按摩……

那个朋友不可思议地夸奖他说："有没有搞错？你谈恋爱后，简直变成另一个人，不是我从前认识的那个粗枝大叶的男人。你彻底升级成为新好男人了！"

他听了之后，虽然觉得面子十足，内心却很愧疚。因为，他没有她讲得那么好，甚至远远比不上。这是因为她很虚荣，才故意在外人面前把他形容得那么好。

女人对物质的虚荣，或许是男人的噩梦。尤其，当女人说"我花自己赚来的钱，你该不会有意见吧？"时，男人更是无言以对。可是，当女人把男友当炫耀品，虚荣到对外夸口自己的男人有多好时，就完全满足了男人的虚荣心。

男人的虚荣，跟女人比起来，一点都不逊色啊。

男人挚爱的青春

> 年轻未解世事的女孩，大部分都有些单纯善良的本性，表现在爱情上，就是对凡事好奇、处处感到惊喜。这些好奇与惊喜，给男性带来莫名的骄傲与成就感。

几乎所有的女人都有此共识：喜新厌旧的男人，不管怎么选，他心中真正爱的，还是青春的肉体。如果有女性朋友遭遇感情背叛，而男人外遇的对象，果真是一个比她看起来更年轻的女孩，那么这样的结论就更加根深蒂固。

青春的肉体，成为熟女在岁月的长廊渐行渐远之后，可望而不可即的遗憾。

或许，大多数的女人没有想到，青春的肉体可能是自己在感情逆境中的假想敌，甚至是替自己开脱的借口。若男人爱的只是青春的肉体，因此熟女败给年轻的女孩，就没有什么话好说了。

男人，究竟是不是感官型的动物？青春的肉体，对男人而言，果真有如此不可抵挡的魅力？

其实答案见仁见智。

我只是想提醒那些因为遭遇背叛而伤心不已的女人，度过漫长的疗伤期之后，要不要回头想想自己败在哪里？除了青春的肉体，会不会有别的原因？

有个男性朋友因为变心爱上第三者，而背负各方的指责，恰巧他的新欢就是个年轻的女孩。所有认识他和前女友的亲友，更加确认他是个肤浅的男人，他爱的只是青春的肉体。

过了很多年，当他的新欢渐渐成为熟女，肉体也不再青春的时候，他才幽幽地告诉我，对他而言，新欢的吸引力并不是青春的肉体，而是她的单纯与善良。

　　年轻未解世事的女孩，大部分都有些单纯善良的本性，表现在爱情上，就是对凡事好奇、处处感到惊喜。

　　这些好奇与惊喜，给男性带来莫名的骄傲与成就感，可能跟加薪和升官一样让他对自己充满信心。无论带她去哪里、吃什么、送哪个礼物，她的反应总是："哇，好棒噢!""真的，太好了!""谢谢你噢，我实在太感动了!"那是精神上的激励，足以令男人亢奋。

　　相对之下，熟女的反应："又来了!""你就不能成熟点吗?""与其送这礼物，不如折合现金吧!"让男人踢到铁板的次数过于频繁，两性关系就愈来愈紧张，到最后终于因为疲乏而失去原有的弹性。

　　熟女抗议，我说的是事实啊，难道男人像老狗变不出新招，我还要假装无知地说："老公，你好棒！"

过度虚伪的称赞，的确为难女人，但至少可以忍住，提醒自己不要批判。

尤其，对男人而言，批判最容易扼杀他的自尊；而让他在爱情面前失去尊严，这是快速熄灭男人热情的元凶。女人的抱怨与批评，最容易使男人对感情萎靡不振。

女人如何忍住自己的怨气，不在当下直接发作？最好的方法，就是真心的感谢。无论男人的行为如何幼稚愚蠢，感谢他还愿意付出的那颗心，或许是让爱情永葆热情的秘诀。

肉体上的青春，总会在时光中褪色；心灵上的青春，却可以在体贴彼此的互动中生生不息。

懂得讨好女人

　　无论是多情的男女或热恋的伴侣，通常都忽略了这件事——爱情，是无法操控的。我们永远只会被爱情带到彼此该去的地方！

　　我在街上观察，有愈来愈多年轻男孩，懂得讨好女人。这和他们的上一代，很不相同。

　　年轻男人搭地铁，含情脉脉看着女友，旁若无人，时间静止。那种眼神，是对女孩最大的恭维。人海茫茫，熙来攘往，而我只在乎你。

　　开车门、拉椅子、提背包……真的有愈来愈多男子，终于懂得讨好女人。他知道如何说爱，让她感动；也知道如何暂别，让她想念。

　　有个很阳刚的男孩跟我说，他跟热恋中的女友去日本旅行，每个白天和晚上，女友都问他："你到底爱不爱我？"他都故意装傻。她愈是心急，他就愈想要逗她。

　　旅行的最后一个晚上，他们在北海道泡温泉。天，是冰冻的；心，是火热的。他把她拥在怀里，承认心底有个喜欢的人。她问："究竟是谁?"他说："远在天边，近在眼前。"女孩就被融化了，犹如冰雪，落入温泉。

更绝的招数，是他们从日本搭晚班机回来的那夜。女孩邀他回住处一起过夜，他坚持要搭晚班车回家。

他跟我说："这样她才会想我。"

当男人比女人更懂得"意犹未尽"的道理时，这段爱情是由谁在操控，已经很明显了。

可是，无论是多情的男女，或热恋的伴侣，通常都忽略了这件事——爱情，是无法操控的。我们永远只会被爱情带到彼此该去的地方，只要谁想从背后伸出魔爪操控对方，反扑的力量就很难预料及想象。

后来女孩认识一个比他更会讨好她的男人，她含着眼泪说抱歉，无奈地提出分手。为了表现风度，他悲痛地成全。可是，不到半年，女孩又和新任的男友分手了。

女孩跟他说，我终于明白了！会懂得刻意讨好女人的男人，都太有谋略。那样的感情模式，会让彼此都很容易疲累。她开始等待一个真诚、单纯的男人，给她带来新的幸福。

而你别误会了！以为看透世事的女人，只要男人的纯真，不需要被讨好。女人要的是把讨好内化成真心的男人，而不是刻意对她付出的小动作。因为无论太假或太有目的性的讨好，都不会长久；等到她死心塌地跟着他的时候，马车就变成南瓜。顿时，失去男人讨好的女人，都被打回原形，变成灰姑娘。

　　唯有男人真心对待，才会是女人永远幸福的前提。

说不出的我爱你

当男人打死不肯说爱，只有两种可能：
一、他很调皮，故意逗你；二、比较起你的
付出，他知道承诺不起。

有些男人很顽强，打死不说"我爱你！"偏偏女友
还是吃这一套，舍不得离开他！仿佛继续质疑他"你到
底爱不爱我？"成为两人之间最有趣的游戏。

这些傻女孩很可怜，即使穷尽毕生心力，在爱到最
深处时，都还无法体会男人真心诚意说出"我真的好爱
你！"是多么令人感动的情节。

而比这个更妙的是：永远听不到对方说"我爱你！"
的女孩，还会替对方自圆其说。"他只是害羞！""他只
是不习惯把爱挂嘴边！""他只是想用行动证明！"或
许，能够这样想，真的可以让她觉得比较好过。但是，
他究竟爱不爱她呢？还是没有确切的答案。

有个女孩跟我说，在最亲密的时刻她犯了这个错，

66

突然问男友："你爱不爱我?"男友答案："不然你以为
我现在做什么?"当场她就觉得自己很煞风景，还非常
感谢男友的体谅与包容，没有因此而中断该有的肢体
动作。

我听了，替她感到很悲凉。那个男人在身体最亢奋
的时候，都还吝啬对女友说"我爱你!"至少透露了下
列两个蛮严重的可能性：他的个性非常自私，或是他不
想承诺这段感情。

果然没有猜错，不到三个月他们就分手了。

原因是男友的前女友要求复合，尽管他曾经把前女
友说得一无是处，可是等前女友回头叫唤时，他竟听话
得像一只狗。

　　朋友都替她打抱不平，认为她根本就是他失恋时，随手抓的浮木。

　　这时她才醒悟：难怪他都不肯说"我爱你!"，原来这都是实情，他顶多只是喜欢她，没有真正到很爱她的地步。至少，没有爱到可以忘记旧情。

　　她问："我做错了什么?"公平一点地说，无论爱或不爱，都不存在谁对谁错的问题。但是，男人打死不肯说"我爱你!"肯定不是好现象。我只能说，她爱他比较多，而他也自知理亏，所以更不想骗她说："我爱你!"

　　通常，碰到这种状况的女孩，特别容易钻牛角尖，我可以体谅。如我所料，她又自暴自弃地说："那他全身赤裸，紧紧抱着我时，根本就只是为了性而已，不是爱！"其实，真的没有那么绝对。他还是有一点爱她，只是程度还不到能够给出爱的承诺。

当男人打死不肯说爱，只有两种可能：一、他很调皮，故意逗你；二、比较起你的付出，他知道承诺不起。

如果还是无法分辨他究竟爱不爱你，最后的验证方法，便是：离开他。但不是用闹分手测试他，而是真的头也不回地离开。

到那时候，他就会知道自己到底爱不爱你了！

或许，你会从他痛苦的程度，体会到答案是什么。但是，不论答案是什么，都已经不重要了。

从贴心到贴身

> 要让男人为了取悦女人而放下身段，甚至放下自尊，真的很不简单，因此就要特别留意他的动机，除了纯粹的真爱之外，还有没有别的目的？

对女人而言，一段好的、浪漫的爱情，必定是从对方很贴心的表现开始的。如果对方还没有过任何贴心的付出，就直接跃进到贴身的程度，这段感情的基础，不容易稳固。

很多长辈看现代年轻人的感情，都会有太"快餐"的喟叹，无论什么都是来得快、去得快。上述观点，我未必全部同意，但也不讳言，情人相处的过程，若没有贴心就贴身，的确比较容易出问题。

什么是贴心的付出呢？怕心爱的人淋雨，特地送一把伞过去；他半夜饿了，帮他煮一碗你拿手的泡面；他没来由地想哭，你打开臂膀让他尽情流泪；他不敢问忙碌的你几点回来，而你总是会记得打电话给他，像咕咕钟的布谷鸟那样守时；尤其是你生病的时候，他不离不弃的照顾。

有个企业家夫人跟我说，丈夫是她的初恋情人。大学时，他是高她一届的学长，长得高壮，很有男子气概。

当时，她被捧为校花，有意追求的人很多，但真正付诸行动的人很少。

有一次，她感冒生病发高烧，两三天都无法去上课。他不仅送吃的过来，带她去看病，还主动帮她洗衣服。令她很害羞的是，里面还包括她的贴身内衣裤。这样的男人，有什么理由不嫁呢？

身处传播圈的这对伉俪，在滚滚红尘中看遍多少男男女女，历经多少明星夫妻的绯闻流言，但他们就是细心呵护彼此，让婚姻持久。我想是他们年轻时候的相知相许，从贴心的付出到贴身的陪伴，才会让他们笃定地相守在一起。

反观，很多年轻的男孩，会跟女孩说："爱我就要给我！"甚至很多女孩为了绑住男孩而主动献身。

他们跳过该有的贴心付出，直接往贴身的接触开始，生理的吸引力消失后，感情化成灰烬。

如果年轻的女孩，有机会碰到愿意贴心付出的男孩，的确非常幸运，但也不要一开始就被爱冲昏头。

毕竟，要让男人为了取悦女人而放下身段，甚至放下自尊，真的很不简单，因此就要特别留意他的动机，除了纯粹的真爱之外，还有没有别的目的？他会不会只是一时兴起，表现他的英雄主义？

通过这些考验之后的男人，可以算是非常值得珍惜的稀世珍宝。

不过，女人的危机就接着来了！这么好的男人，大家都抢着要，除非你持续让自己保持在够好的状态，否则怎么匹配得起？

"卢"到彼此都想逃

> 一个身心都成熟的人，不会用这样的方式，去试探对方的耐性，也不会因此而觉得有趣。如果你很爱"卢"，还怪对方不解风情，只不过更进一步证明：你不成熟而已。

年轻女孩谈恋爱，多半问过对方："你爱不爱我？"

如果在第一时间获得肯定的答案，接下来的进阶版问题，八九不离十是："你有多爱我？"

年轻男孩偶像剧看多了，知道若只是回答"爱！"或"很爱！"绝对不足以让对方满意，必须加上一个深情的吻或拥抱，才能安抚女孩不安的心。

如果问"你爱不爱我？"或"你有多爱我？"的女孩，真是出于内心的不安，只要男孩尽力安抚，不论是回答"爱！"或"很爱！"还是用亲吻加拥抱，都可以给爱情正向的能量。

最怕的是，女孩并非基于不安才问，她本来就很确定男孩对她的心意，之所以不停地问"你爱不爱我？"

或"你有多爱我?"其实只是想撒娇。当男孩不解风情,只是针对问题给答案,就永远无法满足女孩的要求。

这时候,她要的不是这个问题的答案,而是男孩更多的鼓励与肯定,例如:"你这个淘气的家伙!""乖,什么事又让你开始捣蛋了!"都会增加彼此相处的情趣。

大多数的女孩,心中很委屈。她只是想小小撒个娇,没有任何恶意。但是男友听在耳朵里,就是觉得她很"卢"(指啰唆、琐碎、不讲理),甚至给了一个很无情的答案:"你再这么'卢'下去,我可是会想要逃跑喔!"

稍微有点人生阅历的人听起来,就知道连男孩都开始撒娇了。

　　偏偏女孩听不懂他的意思，没有发现原来男人也会"卢"，就心碎地吵开了："你嫌我不讲理是不是？你要逃跑是不是？好啊，你走啊！"

　　故意带着一点不讲理或不顺着对方心意的撒娇，如果对方很有耐性地听懂了，就会以幽默化解，甚至发现你俏皮可爱的一面；倘若对方正处于忙碌的时候或压力很大的阶段，或是个性不够成熟，这种表达方式很容易被误会为"卢"。

　　如果只有单方面偶尔"卢"，无论对方是否懂得情趣，都还有沟通的空间；倘若双方在同一个时间都很"卢"，绝对会吵到很难收拾的地步。

　　问题是：为什么要这样"卢"呢？

　　一个身心都成熟的人，不会用这样的方式，去试探对方的耐性，也不会因此而觉得有趣。

　　如果你很爱"卢"，还怪对方不解风情，只不过更进一步证明：你不成熟而已。

容许男人的叛逆

> 女人平常就要给男人一些空间，容许男人有些叛逆，他才不会在感情上搞怪。女人盯得太紧、管得太严，男人反而容易出问题。

每个男人无论真实年纪多大，心中都躲着一个长不大的男孩。这个长不大的男孩，常叫他身边的女人心动，但也会令她头痛。

尤其是熟男心中那个长不大的男孩，依照表现不同的行为模式，分为幼稚或叛逆两种类型。虽然有时候男人的幼稚和叛逆很难区分清楚，但还是可以有简单的界定。幼稚，就是近乎情商低但看起来可爱的行为；叛逆，则是故意标新立异、唱反调，或做出让大家感到很难理解的事。

女人面对男人心中的叛逆，究竟可以欣赏或承受到什么地步，就要看他在哪些地方表现叛逆，还有，他叛逆到哪种程度。

有位女性朋友的男人，有一天突然理个平头，配上有点杀气的五官，颇有黑道大哥的架势。说难看倒也不至于，顶多就是一时之间还看不大习惯罢了。这位女性朋友好奇的是，他为什么突然改变发型？

男人懒懒地说："没有啊，只是天气热而已！"女人没好气，只能默默观察，然后渐渐习惯。

男人改个发型、换件衬衫，外形上的改变虽然明显，相对成本比较低；若因为一时冲动买跑车，代价就很高。

另一位男性建筑师朋友，开了多年的休旅车，某个晚上突然直接走进进口车商的展览间，连试车都不必，直接订一辆两门跑车，造型很炫，性能很强，价钱很贵，把同居女友吓坏了。此刻，她终于才知道他是个非常闷骚的男人。

看似中规中矩的男人，突然表现叛逆时，令女方惊讶的并非他行为的本身，而是他改变的动机，最常猜测的可能是他受到刺激，工作不如意，生活有太大压力无从发泄……这些原因女方多半能接受，唯有以下这个推论，会让她担心不已——他，会不会是有外遇了？

很多指导女人如何发现男伴偷腥的书，都不会错过这一项：男人的行为反常。这个推论或许有些逻辑上的可能性，但比较矛盾的是，男人最大的叛逆莫过于感情的背叛，如果他已经偷腥，就不必在改个发型、换件衬衫、买辆跑车上做文章了。他反而会因为已经背叛而更小心翼翼地保持生活的原状，以免这个秘密被发现。

所以说，女人平常就要给男人一些空间，容许男人有些叛逆，他才不会在感情上搞怪。女人盯得太紧、管得太严，男人反而容易出问题。

其实，那些从来就不叛逆的乖乖男，看到这些现象，心中蛮不是滋味。因为乖乖男不恶搞，会被女人说他太没个性。

男人不坏，女人不爱！即使是吃过很多苦头的女人，未必会懂得珍惜安分守己的男人。她愈来愈渴望分寸刚好的男人，用他的叛逆换点情趣，却又不到无法收拾的地步。她只要心动就好，不要头痛。

男人脆弱才动粗

在爱情面前，发现自己一旦转身，就无依无靠了，才会失控地用暴力解决他无法承担的悲伤。

交往两年多，他一直是个温和的男人，甚至看电影的时候，还曾经掉过眼泪。只是她万万没有想到，他会在谈分手的夜晚施加暴力。

其实不是什么严重的扭打，只是有些拉扯。他的手表刮伤她的手背，流出微量的血，染在他的白衬衫上。那个画面她不愿回忆。当时的想法是：反正，能够从不愿意继续下去的感情中解脱就算了吧！

后来，她又谈过几段无疾而终的感情，双方说再见的方式，就是很自然地让感情渐渐变淡，慢慢地疏于联系，连正式道别都不必。

正如爱或不爱，是个强烈的对比；和平分手或激烈闹翻，也是天差地远的遭遇。事过境迁，她终于有勇气回想那次分手夜晚的暴力。比较成熟懂事的她，才看见那个男人在拉扯时的无助与恐惧。

那次分手，是她主动提的。他没劈腿、没坏习惯，也没特别做错什么，纯粹只是她的直觉告诉自己：两人并不适合，再下去只是浪费彼此的时间。他大概是过度意外了，不想分手又不知道该如何挽回，动手拉扯的结果竟在分手的那一刻，留给她"暴力男"的坏印象。

随着时间的过去，"暴力男"的坏印象，在她心中沉淀成为悲悯与同情，随之而来的是原谅。使用暴力绝对是不正确的行为，却很明显表达了他内在的不安与恐惧。这是她经历过很多后，才慢慢懂得的道理。

在爱情面前，发现自己一旦转身，就无依无靠，才

会失控地用暴力解决他无法承担的悲伤。只是他没想到
这样的暴力，更会让自己变得一无所有。

　　尽管多年以后，她已经渐渐释怀，彼此曾经在相陪
一段中留下仅有的情义，却已不在。

抢着当悲剧英雄

愿意礼让爱情的男人，并不一定都是基于内在高尚的情操，有时候只是自卑的心态，认为自己既然给不起、做不到，就拱手让人吧。

身为男人，可以体会爱情里最悲壮的情绪，莫过于成全。当你还深深爱着对方时，却愿意为了成全而放手，让对方投身于另一个幸福的怀抱，而让自己变成这一段感情的悲剧英雄。

不知道是不是武侠小说看多了，某些男生在某些时刻，会想要让自己成为这样的悲剧英雄。

例如，终于鼓起勇气，跟一个女孩告白时，对方说："你真的很好，但我心中已经另有所属了。"他立刻打消念头，还跟女孩承诺："将来无论你碰到什么问题，都可以找我！甚至他欺负你，也可以跟我说。"

其实他心痛得要命，却还是风度翩翩地走了。

若不是悲剧英雄的性格作祟，男人的反应或许会是："他是谁？我要跟他公平竞争！"即使不是立刻找对方决斗，也不会放弃得太快。

另一种状况是在恋爱多年后，感情世界出现可疑的第三者，发现对方可以找到更值得托付的肩膀，自卑地认为那是自己给不起的幸福，就故作潇洒地说："你走吧，我不值得你留恋。"

问题是，对方或许并不想要这样做。他们之间并未出现真正的第三者，或只是因为一个根本不存在的假想敌，男人就开始退缩。美其名曰是成全对方，其实是没有自信。

有个女性朋友，就碰到这样的问题。

和男友同居多年，因为是姐弟恋，男方刚退伍，工作不稳定，她的家人都反对他们在一起，常以各种理由逼她放弃，还不时巧立名目安排相亲的饭局。

　　她曾在不知情的状况下赴约，回来跟男友倾诉，男友不但没有安慰她，还很不成熟地赌气说："我可以成全你！"让她气得哭了。

　　半年多以后，他们因为常常争吵而分手。男方仿佛卸下巨大的压力，毫无愧色地跟朋友说："与其这样吵吵闹闹，我宁愿放弃心爱的女人，成全她的幸福！"

　　听起来，好伟大！但这样的悲剧英雄，真的值得尊敬吗？其实未必！

　　愿意礼让爱情的男人，并不一定都是基于内在高尚的情操，有时候只是自卑的心态，认为自己既然给不起、做不到，就拱手让人吧。

　　被他一厢情愿地自以为是而成全的女人，无可选择地面对分手的伤心。唯有看到他的自私与怯懦后，才会发现趁早离开他，也是一种幸福的选择。

PART—3

挥霍和你共处的时光

在爱情的世界里，所谓的珍惜当下，就是毫无保留的付出与接纳。

我们因为寂寞而开始爱，最后也因为寂寞而让爱离开。这时才恍然明白：两个人在一起的寂寞，比一个人孤单的寂寞，更加难耐。

终于有一天，我成为一个胸襟开阔的人。既愿意付出，又忘记付出过，只记爱，不记仇。这样的我，已经很难失去爱了。

不甘寂寞才去爱

> 我们因为寂寞而开始爱，最后也因为寂寞而让爱离开。而在这千回百转的过程中，恍然明白：两个人在一起的寂寞，比一个人孤单的寂寞，更加难耐。

几乎所有的爱情，都是从寂寞开始的。因为自己一个人太寂寞了，所以想要找一个人来相爱。

单身很久的朋友，突然说她在网络上认识一个对象，只聊过两次，还没正式见面，就开始网恋。可以想见的，几位获知消息的好友，开始七嘴八舌地在背后唱衰，结论是：除非她运气太好，注定要接受天赐良缘；否则，这样近似盲目的恋爱，怎有可能成功？

我抱持中立的态度，问这些爱嚼舌根的朋友："为什么如此一面倒地看坏他们？"朋友们的答案很一致："她显然是寂寞太久了吧！你知道，在沙漠中口干舌燥的时候，喝一口污水也会以为是甘泉。"

这些热心的朋友，所讲的道理固然没错。甚至，连当事人都承认，那天晚上正好是结束连续忙了五个多月的项目，想让自己喘口气才上交友网站，没想到就这样碰见这个人。是的，真的是寂寞太久了啊！但是，哪一段爱情，不是从寂寞开始的？

　　当一个人可以因为工作或兴趣，忙碌到丝毫没有余力去感觉寂寞的时候，他将永远不需要爱情。往往就是一个心灵上小小的缺口，突然涌入排山倒海的寂寞，才提醒自己：该是找个人来爱的时候！

　　幸运的是，有时候找到值得去爱的对象；甚至更幸运的是，找到一个非常愿意付出爱的人；接下来更幸运的是，在千回百折之后，爱依然持续在彼此心中，从此未曾离开。

　　只不过，人生常常事与愿违。我们因为寂寞而开始爱，最后也因为寂寞而让爱离开。而在这千回百转的过程中，恍然明白：两个人在一起的寂寞，比一个人孤单的寂寞，更加难耐。

　　于是，我们终究回到一个人的寂寞里，享受这份寂寞的折磨和自在。直到不甘寂寞的那一天到来，又开始了另一段恋爱。

我怎么舍得你难过

　　"我怎么舍得你难过？"或许不是爱情的最高境界，却是一个不会偏离善意的指导原则，让相爱的两个人可以学会不要因为一时的自私、任性而伤害对方。

　　经典情歌唱到最后一句"你怎么舍得我难过"时，大家都因为深有共鸣而动容。问题是，当爱情走到尽头，还问"你怎么舍得我难过"的时候，已经注定会是徒留遗憾的悲剧。

　　爱情比较高的境界，其实是在相爱的时候问自己相对的问题："我怎么舍得你难过？"

　　如果常常把这个问题挂在心上，随时提醒自己，为了保护这段爱情，而刻意不去做会让对方难过的事，这段爱情反而有机会幸福长久。

　　为了不让你担心我去哪里，我愿意随时告知动向；

　　为了不让你吃醋发火，我会控制自己不由自主想瞟看美女的眼光；

为了不让你担心我旧情复燃，我绝对不和前任情人联络；

为了不让你等我夜归，我尽量不和朋友瞎混太晚，每晚十点前回家与你谈心……

以上每件事情，都不是我对你的承诺，而是因为我心甘情愿，而要求自己要做到的事，其实只为了让你知道：我在乎你，我舍不得你难过！当我舍不得你难过的时候，就不会伤害你，更会珍惜自己。

有一天，如果我们不得不分离，我也会舍不得你难过。所以，理由绝对不会是我负心寡义地背弃你。

假使我们真的已经走到了感情的最后一站，希望可以温柔地目送你的背影离去，把所有伤心留给自己。

　　"我怎么舍得你难过?"或许不是爱情的最高境界，却是一个不会偏离善意的指导原则，让相爱的两个人可以学会不要因为一时的自私、任性而伤害对方。

　　相爱的时候，有点愧疚是好的，可以激励自己更愿意慷慨地付出，一旦感情已经走到不得不分离的地步了，我反而可以因此没有遗憾。至少，我们从来都不会为钱争执、为爱反目。因为，无论爱是否依然存在彼此之间，我都舍不得你难过。

　　终于，有一天我会成为一个胸襟很开阔的人，而且懂得消化相处时候的委屈，既愿意付出，又忘记付出过，只记得爱，不记仇。这样的我，已经很难失去爱了。就算你不爱我了，不久的将来，还是会有人爱我。

即使我的条件真的不是太好，甚至我常因为爱得太深而不知所措，但正因为我从来就舍不得你难过，而让爱也舍不得离开我。

忘记你爱过的人

或许你无法忘记那个人的影像、那个人的名字、那个人做过哪些坏事，但是你已经忘了那些负面的情绪。面对往事，回眸一笑，过去真的都已经成为过去。

如果一定要二选一，你觉得下列两个选项，哪个比较容易？A 是"忘记你爱过的人"，B 是"忘记你恨过的人"。

有过痛苦经验的人，将会发现，答案是：B 会比 A 容易。

尽管当时我们恨之入骨，甚至痛不欲生，以为这辈子被伤害成这样，这份苦楚应该会随着自己老去。

可是，经过一段时间，我们慢慢会知道，那些令我们痛苦的事情，没有那么严重。直到有一天，某人提起他或在街角重逢，你心中一点悸动都没有，所谓的"形同陌路"就只是这样了，你甚至有点可怜对方，沦落到如此地步，接着想要悲悯当初的自己，怎么会被他伤得那么重？但无论你怎么用力回想，就是无法确认究竟是哪些事情，让当时的你如此不开心。这就是感情路上最高层次的忘记。

或许你无法忘记那个人的影像、那个人的名字、那个人做过哪些坏事，但是你已经忘了那些负面的情绪。面对往事，回眸一笑，过去真的都已经成为过去。

心理学的教科书上说，这可能是一种防卫机制的原理，保护自己不要再度受到伤害，所以主动选择忘记。在灵性的教导上，却是另一种角度的体会，因为你已经从爱恨中挣脱，学会接纳与放下，于是忘记那些不愉快的记忆。

反而是你曾经付出的美好与值得感恩的事情，比较不容易从记忆中消失。你曾经在大雨中替某人送去的一把伞，寒夜为对方准备驱寒的热汤；或是他给过你一次生日的惊喜，正好是你期待已久的礼物；他陪你度过某段人生的低潮……这些记忆通常很难忘记。

　　当爱情消逝之后，如果我们真的能够学会变成一个更好的人，莫过于懂得对所有已经发生过的事情心存感谢，而自动舍弃那些负面的误解或情绪的创伤。我们最大的收获，就在于：爱过的人，依然可爱；恨过的事，已不存在。

幸福是有配额的

> 世间大部分的事情，努力会带来好运。但唯有爱情这件事，努力或许无法保证可以获得，因为爱情光一个人努力是不够的，要两个人一起努力才行。

幸福，是有配额的吗，是数量多寡的配额，还是时间长短的配额呢？

通常沉溺在热恋中的人，不会相信这个说法。他们已经爱到死去活来，就算有配额，也不惜在当下全数用尽。

倒是那些用尽心机要找到对象，却迟迟等不到缘分而保持单身的人，会让自己相信"幸福，是有配额的！"这个理论。还有人教导他说，或许是前生感情履历太丰富了，今生才来这里坐这么久的冷板凳。

我不知道，这是否也是正向思考的方式？但我确定，它安慰了很多形单影只的寂寞心。如果寻寻觅觅这么久，吃斋茹素如此诚意，还是没有能和意中人相遇，姑且相信"幸福，是有配额的"，只不过今生属于你的那个人，要多等一会儿，才会出现。

原来，"幸福，是有配额的！"这个想法，是一种宿命。当我年纪很轻的时候，曾经问一位中年朋友："您相信命运吗?"已经是公司老板的他，回答说："等你活到我这把岁数，就知道了。命运，无所不在啊。"

如今我已经快要活到他当年的岁数，还是无法回答自己是否相信命运这样的问题。大家不是都说"七分努力，三分运气"吗？朋友立刻纠正我："管他命运占几分，只要有占一分，就表示命运有其影响力了。"

是吧！我渐渐相信运气，更相信：世间大部分的事情，努力会带来好运。但唯有爱情这件事，努力或许无法保证可以获得，因为爱情光一个人努力是不够的，要两个人一起努力才行。而且，一个人太努力，反而会坏事的，要两个人努力的节奏相似，才能找到产生共鸣的人。

即使"幸福，是有配额的！"也要两个人一起节省，或是一起挥霍才行。

无论你是否相信"幸福，是有配额的！"，唯有学会让"珍惜当下"多于"及时行乐"，才能真正感觉自己是幸福的。否则，常常是没有伴侣的时候，怨叹寂寞；有了伴侣，又嫌不自由。

女人比男人计较

女人之所以在分手后，抱怨男人小气或在金钱方面占了她多少便宜，其实也不是她真的很爱计较，而是她实在太不甘心。

恕我直言，在感情上，女人比男人计较。当然，这只是我片面的感觉，未必是全面的事实。但是，希望女性读者声讨我之前，先想想：为什么女人给男人这样的感觉？

大概是因为我常听见女性朋友的抱怨，很多都是关于她如何被男人辜负、怎么吃亏、多么不值。相对之下，我很少听见情场不顺的男人有此抱怨，他们顶多觉得自己运气不好或条件不够，未能和心爱的女人继续牵手下去。

若要称斤论两计算谁付出比较多，男人未必真的屈居下风，只不过男人不善于此道，讲了还怕被别人嘲笑：这么计较，难怪女人不喜欢你！

　　女人天生个性比男人细腻，谈恋爱时记性特别好，甚至实际花费的账目也记得比较清楚；很多男人连口袋有多少钱，都不会认真去细数，即使信用卡账单来了，也不太认真核对，反正按照规定期限内全缴就好，他不知道从交往到现在，约会付了多少金钱，礼物花了多少银两。

　　解析到这里，你以为我都在替男人讲话。其实没有，我深深知道，男人也有小气的、奸诈的、一毛不拔的，没错！但是，这些女人眼中的烂男人，鲜少在分手后讲女人坏话，多半是因为他自知理亏，交往时没有慷慨付出，分手就不能有抱怨。

　　女人之所以在分手后，抱怨男人小气或在金钱方面占了她多少便宜，其实也不是她真的很爱计较，而是她实在太不甘心。她出于不甘心的怒气，表现于抱怨付出的语言，听来让别人以为她很爱计较。

事实上，女人心中清楚得很，当感情成为过去，算这些旧账已经没有任何意义；但是，她就是无论如何要抒发一下心中的怨气。她计较的目的，从不在于追讨什么，而是让大家知道这男人没有良心到了什么程度，以及自己的牺牲奉献有多么伟大。

最后，大家都说她傻！没错，傻气。这就是爱计较的女人，口头上绕了一大圈，终于得到一座精神上的纪念牌坊。

当时，我好傻！这是爱的一种境界，愈是天真浪漫，就愈无价。

感情的暗箭难防

> 感情暗箭永远躲在暗处，你完全无法防备。当你被暗箭所伤，甚至阵亡，还是不知道自己是怎么死的。而其中，最可怕的暗箭，射手不是别人，正是你自己。

自从偶像剧《犀利人妻》引发社会探讨小三话题，"人妻有三怕：最怕撞车、撞鬼、撞小三"变成社会流行语。对于有过深刻经验的女人来说，小三、小四固然可怕，但是感情中永远有比小三、小四更可怕的东西，叫作"暗箭难防"。

毕竟，小三是个人，迟早总会发现；感情暗箭却永远躲在暗处，你完全无法防备。当你被暗箭所伤，甚至阵亡，还是不知道自己是怎么死的。而其中，最可怕的暗箭，射手不是别人，正是你自己。

每当我讲到感情暗箭的话题，多数朋友的反应就是身边的小人。他们喜欢说三道四，煽风点火，破坏你在恋人面前的形象。如果是结婚后的妇女，最怕的暗箭就是婆婆和小姑，她们在背后说出恶毒的语言，往往是改变丈夫对婚姻观感的致命伤。

话虽没错，这些难防的暗箭，教人无法招架。但是，还有比这些更防不胜防的暗箭，就是你自己射发的，而且永远可以准确地命中红心。它的可怕之处，在于你毫不自觉，对方也不会说。

由自己发射出足以毙命的感情暗箭，会是什么严重的暗器呢？有时候，只是无心的一句话，例如："你的家人好讨厌喔，怎么都这副德行啊!"有时候，只是你不小心多看了不该看的人，引起对方的猜疑。最难过的是，事隔多年，很久以后，你从别人的口中知道，他对这件事情的在意与反感，才是你们分手的真正原因。

　　这时候的你，回想起来，在哑然失笑中，有很多感触。包括：一、他有不满，为什么当时不说呢？二、若真的让他不悦，我可以改进啊！三、那真的是个误会，我没那个意思……

　　但是，事过境迁，你愿意臣服于命运，变得无话可说。面对这些往事，深情的你只会遗憾、自责，却忘了怀疑：那会不会只是他想分手的借口？甚至从不怪对方小心眼、爱计较！因为，当时的你，曾经那样深深地爱着他。

谁会先提出分手？

愛情球賽的最後一局，贏得最心虛的戰績莫過於此——你巴不得把對方給甩了，卻是由對方主動提分手。

当爱情只剩鸡肋，双方脑海都浮现"食之无味，弃之可惜"的念头，彼此在内心挣扎的问题，无非是：谁会先提出分手？

或许，会是你吧！你进退两难，在苟延残喘的感情末路上，终于看见一个可以分道扬镳的岔口，愈接近才愈发现，要从自己嘴巴主动提出分手，确实是不容易的事情。

犹豫的你，终于明白，为什么有人会用简讯分手。打几个字，按一个发送键，所有的痛苦都解脱。可惜，那不是你的风格。

"老实说，他没做错什么；老实说，他对我并不差；老实说，也不是真到非分不可；老实说，两人之间都没

有第三者；老实说，我也不是真的完全不爱他；老实
说，我们之间有很多美好的过去；老实说，分手以后也
不知道要做什么……"

对你而言，简单的"分手"两个字，竟如此千回
百折。一百个以上的老实说，都是眼前的事实，却也都
是违心之论，因为内心深处还是十分明白：感情已到尽
头，不应该再耽误彼此的时间。

于是，拖了很久，等到有一天，对方幽然地提出分
手，而你竟是百感交集，在如获大赦中，有些不甘心。
甚至埋怨，我已经忍他那么久，最后竟是被他给甩了。
明明知道他的那种心情，你也曾经有过，却还是无法克
制地动了些微的怒气，甚至问他："我做错什么？让你

如此对我!”令对方哑口无言，徒增给这段感情画下句点的戏剧感，有如偶像剧的结局。

其实你隐隐约约知道，他比你更有良心。他禁不起内心的煎熬，宁愿代替你背起负心的黑锅。而当时的你，胜利得好光彩；直到全身而退的多年以后，还可以故意装作楚楚可怜的样子对他说：“那时候，是你先决定不要我的噢。”

爱情球赛的最后一局，赢得最心虚的战绩莫过于此——你巴不得把对方给甩了，却是由对方主动提分手。你好坏呀，装作委屈无辜地离开，心中却对自己按了一百个赞。感谢，老天如此厚爱!

原谅是爱的 N 次方

当你还爱着对方，原谅的次数和时间都可以无限制地增加和延长。只有当你不爱了，就连原谅也是多余，这时候的分手，才可以最彻底。

曾经与很多朋友谈到，什么是恋爱时做过最笨的事，当各自回首感情曲折的路，最笨的往往不是付出多少真情，把爱给了不值得爱的对象；而是一而再地原谅根本不该原谅的人。

尽管付出真情，给不值得爱的对象，确实让自己很受伤。但是，顶多就是怪自己没长眼，才会受骗上当。若能在受伤之后，得到觉悟，学会识人之明，也就没有白白受苦。若是一而再、再而三地原谅不该原谅的人，三番两次尽释前嫌，让对方若无其事地回到身边，直到旁观的朋友都看不下去，自己甚至还为此与朋友反目，这就是愚蠢到无以复加的地步了。

可是，陷在其中的人，在醒悟之前，都不会觉得自己笨，而是认为自己很痴情，相信对方一定会改过自新。就像买股票投资，从来不肯设停损点，当股价直落，却不肯认赔，非要它下市变成壁纸，才会承认自己原以为的投资，其实跟投机没有两样。无论感情或股票，过程中紧抱着不放，未必跟痴情真正有关，说穿了，只是一味地不甘心而已。

有位女性朋友，第一次遭到男友劈腿，伤心到得了忧郁症，整整消瘦七公斤，还痴痴巴望着对方回头。后来，他果真如愿回来，她欢天喜地原谅对方，还不准朋友说"重新接纳"这四个字，因为在她的念头里，他从来没有真正离开过。

而劈腿这种事情，本来就是恶性难改；加上她原谅得这么快，从未让对方获得真正的教训，重复犯错的概率当然就很高。他好像就吃定她这一点似的，一再劈腿，分分合合。

"你到底可以原谅他几次呢?"这个问题不只朋友关心而已，她也经常问自己。然而，从来没有答案。

只有真正爱过也被伤害过的人，才会知道"你到底可以原谅他几次呢?"这个问题的答案。原谅，是爱的N次方。当你还爱着对方，原谅的次数和时间都可以无限制地增加和延长。只有当你不爱了，就连原谅也是多余，这时候的分手，才可以最彻底。

几年之后，她终于还是决定离开他。不明白内情的人，总以为他把她的耐性用光了，只有懂感情的朋友知道，实情是：他终于把她的爱磨光了。当她不爱的时候，是连恨都没有了。

保持优雅的必要

　　　　两个人在一起的时候，或许因为有爱，还可以提醒自己表现优雅；然而，分手时候的优雅，最容易因为爱已经不在就被忽略。

　　观赏歌唱选秀节目，正好是"形象大改造"的单元。有一位参赛的女歌手，之前的形象比较活泼动感，经过造型老师的建议，她改穿典雅的小礼服，一出场光是单耳的大耳环和醒目的项链，就让观众觉得很惊艳了，后来发现她连歌声都比过去的表现更有感情，不再用横冲直撞的方式诉说爱恋。

　　当她唱完歌，主持人感触很深地说："戴上这个大耳环，你变得好优雅！"不愧是资深的主持人，对每个细节观察入微。的确，平常粗枝大叶的人，一旦身上披披挂挂一些小物件，就很容易提醒自己留意姿态，而变得优雅起来。

　　保持优雅，真的很重要，却也非常困难。有些人的言行举止大大咧咧习惯了，要收敛这些熟悉到近乎本能的动作，变得仪态优雅，仿佛比杀了她还痛苦。如同不习惯穿高跟鞋的女生，回到家之后的第一件事情，就以"亲者痛，仇者快"的姿势，咬牙切齿地把高跟鞋踢开。单身的时候家里没外人，要怎么邋遢都不在乎；一旦跟喜欢的人住在一起，还是要意识到优雅的必要，才能让感情维持久一点。除非，两个人都邋遢，那就另当别论。

　　但别忘了，就算对方形貌很不修边幅，他未必喜欢伴侣也是这样。人总是看不清自己，却对别人有所要求的。

　　两个人在一起的时候，或许因为有爱，还可提醒自己表现优雅；然而，分手时候的优雅，最容易因为爱已经不在就被忽略。于是，在挥手转身的那一刻，给对方留下了一个很糟糕的印象。甚至，因此他还庆幸抽腿快、离开早。

我们终将学会，谈恋爱的时候要保持优雅；当爱尽情灭，更需要优雅地转身，或许你已经不指望对方怀念，也无意让他后悔，却不能不要求自己，给爱情最后的这抹夕照斜阳一个美丽的印记。

最庸俗的报复

如果已经毫不顾念旧情，把对方忘得一干二净，就不会有任何报复的念头。分道扬镳之后，两个人的世界，既无任何交集，也就不必有任何情绪。

她和他分手的事，闹得满城风雨，我以为她会因此而不开心，事实却未必如此。

分手的时候，她的心情和所有理性地走到爱情尽头的恋人一样，最理想的境界是：好聚好散。但是，能够好聚好散，绝对不是一个人就可以决定的，必须双方都有这样的共识。

显然他还没有做好放手的准备。一个大男生，竟到处向朋友诉苦，其中也包括她的好友，以及半熟不熟的人。本来是想挽留这段感情的话，传来传去变成他的抱怨以及委屈；相对的意思，就是她对待这段感情很有问题。

愈传愈不好听的话，从四面八方涌进她的耳朵，分手不但已成定局，还加倍地令她感觉难堪。坚持口不出恶言的她，选择默默退到爱情舞台的幕布后面，等曲终人散，熄灯暗场。

几个月之后，我发现她变得很不一样，看起来身材更好、更苗条，精神和气色都比从前多了青春活泼的气息。

我不免深深感叹："这是最庸俗的报复！"

她一时之间没有听懂，瞪大眼睛装作敌视的样子，不解地等我解释清楚。

因为我观察到，才华洋溢的她，在分手后也不免落入了俗套，应了那句老梗："让自己活得更好，就是对分手情人最大的报复！"

她听明白后，哈哈大笑！我们认识多年，非常明白彼此。她因此有点心虚，发现我知道她仍然在意他。而她心中的这点儿在意，并不是想要和他复合，而是要让对方因为无法继续拥有而懊恼，借此让自己有再获胜一回合的感觉。

坦白说，这样的感觉，有点残忍，也不成熟。

另一个女性朋友，在分手后持续落落寡欢多年，直到某天通过脸书收到前男友的讯息，他说："还是你比较好！"她才完全释然。理由竟是：分手后还能得到对方的肯定，并且在其中获得报复的快感。

如果已经毫不顾念旧情，把对方忘得一干二净，就不会有任何报复的念头。你过得好不好？他变得怎样？

都变得不重要。分道扬镳之后，两个人的世界，既无任何交集，也就不必有任何情绪。

　　分手之后，让自己活得更好，纯粹就是为了自己。当你还想让对方后悔或惋惜，表示爱情最后的那点得失心，并未真正地完全消退。

PART—4

原来爱情也该足智多谋

相爱的两个人，彼此付出多少，只要双方都有心，也很努力，就不必去计较胜负或输赢。

真正懂爱的恋人，都是世界上最好的创造者。他带着一份幸福前来和她重逢，他再带着她给的另一份幸福离开。每一次的相聚，都创造双倍的幸福。

当我们学会以爱为中心，无论相聚或分离，拥有或谅解，都会是幸福的一种形式。任何一颗孤独的心，都会因为被爱包围而没有恐惧。

输你一点的幸福

相爱的两个人，彼此付出多少，只要双方都有心，也很努力，就不必去计较多少或输赢。但是，其中一方若刻意怠惰，就会摧毁这份美好的互动。

爱情，最怕沦为才艺竞赛，双方不断争抢谁比较厉害。才子配佳人未必幸福的道理，就是在这里。与其谁也不服谁，还不如学会放下身段，欣赏彼此的丰采。

在两个人相处的过程中，只有一种比较输给对方之后，还觉得很幸福，那就是——不管怎么做，你总是爱我多一点，你总是付出比我多一些。在付出上，输给你的幸福，虽然有点愧疚感，却非常甜蜜，而且令人沉溺。

这种幸福的比较，只是心情的感受，并非实质的算计。有位女性朋友习惯赖床，天天都是男友做早餐给她吃。男友还担心她吃腻，几乎天天变换菜色，每隔几天还出去买外面的早餐回来，有时候是烧饼、油条，有时候是汉堡、三明治。她觉得自己幸福极了，光想到男友的心意，就快要流泪，更别说是他不辞劳苦、不畏风雨的努力。

在早餐这件事情的付出上，她真的输得太彻底。也因为实在是太输了，所以感觉非常幸福。其实，她在其他方面的付出很尽力，包括：烫衬衫、搭配服装、替他爸妈选礼物……从朋友的眼光来看，他们俩对彼此的付出，实在难分轩轾，有趣的是，双方都觉得甘拜下风，所以才可以洋溢着幸福。

这样的幸福，也可能变调！

当察觉自己输给对方之后，发现这是一场赢不了的竞赛，就完全放弃原本的热情，一味地坐享其成；或是吃定对方不求回报的个性，把他的付出当作理所当然，即使他还是很愿意继续付出，自己却因为不懂得珍惜，渐渐变得麻痹，而咀嚼不出任何幸福的滋味，不只是可惜而已，简直就是太糟蹋幸福。

同样是买早餐这件事，从前有个男同事，天天享受女友帮他准备的早餐，却囫囵吞枣，还嫌不好吃，有时甚至故意把早餐转送给其他同事吃，他自己去买小摊的食物。几位品尝过他赠予爱心早餐的同事，都觉得口味很不错啊，是他太挑嘴。

好长一段时间，我们都不敢让他的女友知道，他是这样的不知满足，暴殄天物。几个月之后，他们果然就分手。

　　相爱的两个人，彼此付出多少，只要双方都有心，也很努力，就不必去计较胜负或输赢。但是，其中一方若刻意怠惰，就会摧毁这份美好的互动。在付出这方面，自觉输给对方一点点，会是很幸福的感觉；可是，如果相差一大截，对方完全追不上，最后很可能就会走到全盘皆输的地步，再多懊恼都唤不回。他对你种种的好，你只能在记忆中回味。

世界的中心是爱

> 比较好的两性关系，是两人都以爱为平衡的中心，双方对等地付出关心，各有自己的一片天，能够良性互动，彼此体贴。

女孩幽幽地说，她最近诸事不顺，陷入人生前所未有的低潮期。我很关心地问："哪些事让你这么不开心，是感情不如意吗?"她摇摇头说："不是!"接着井然有序地罗列她正烦恼的事情，包括：

房东暗示下半年可能会调涨租金；学妹欠她新台币一千元，拖了两个多月都没有归还的意思；摩托车跟别人发生擦撞，双方都没有大碍，但是她的摩托车刮痕还没处理；论文的指导教授愈来愈赖皮，丢给她很多无偿的研究计划，不知道要做到什么时候；跟着影响她的论文进度，她高度怀疑自己能否顺利拿到学位。

倾听她的烦恼，设身处地为她着想，对于二十出头的女孩而言，我不能说每件事情都微不足道，更不能把她碰到的所有问题，全都归咎于她的个性太爱钻牛角尖；但是，听完她迟迟说出的最后一项烦恼，就发现这才是问题的核心——刚上班的男友，被公司外派去欧洲支援，要四个多月以后回来。

虽然她一直强调："我们感情很好，我没有操心他什么！能够出国工作一段时间，增广见闻是好事！"但是，还是可以将她感觉不好的事情，都联结在两地相思的苦恼中。

很显然地，他一旦不在，她的整个世界就空了。目前她所烦恼的事情，其实在男友出国前就都存在。当时的她，过着小鸟依人的感情生活，即使天塌下来都有他顶着。如今,他不在身边,依赖习惯的她,变得特别孤单,没有安全感。

所以,原本视而不见的小麻烦都一一出现,甚至逐渐被放大,开始觉得自己无力抵挡,整个宇宙都倾斜在她无法招架的弱点上。问题是,她毫无察觉最核心的问题,其实是男友离开让她觉得孤单,还一直以为是整个世界联合起来找她麻烦。

热恋期的女生,都很容易把男友当作世界的中心,所有的人生都围绕着他运转。有一天,无论是求学就业的理由,或是感情生变的因素,男友不在身边,无法撑起她的一片天,她的整个宇宙就坍塌陷落。

有过几次心碎经验的女孩,渐渐学会"多爱自己一点"的理论，逆转她在感情世界的惯性，改为"把自己当作世界的中心"，甚至有点大女人的心态，奢求男人事事都要配合她的期待。其实，这种做法也很容易把男人吓跑。

比较好的两性关系，是两人都以爱为平衡的中心，双方对等地付出关心，各有自己的一片天，能够良性互动，彼此体贴当然是最好；若将来有一天缘尽情灭，也不至于孤单到自我毁灭的地步，可以安然地独处，也可以等待下一个有缘人。

除了更宽广的爱，没有人可以是世界的中心。

或许，我们都曾渴望在世界的中心呼喊爱情，却不能死守着破灭的爱情而想要拥有全世界。

　　当我们学会以爱为中心，无论相聚或分离，拥有或谅解，都会是幸福的一种形式，任何一颗孤独的心，都会因为被爱包围而没有恐惧。

该为爱改变自己吗?

唯有为了要让自己变得更好而改变,才
会真正让幸福围绕在两人之间。如果是不甘
不愿地改变,怨念一定很深。

要爱自己!不要想改变对方,也不要期待对方会为
爱而有所改变。以上这些说法,大家已经太耳熟能详,
但是要百分之百做到,总还是有点困难。

一直强调"要爱自己!"的原因,是害怕对方不够
爱你;想改变对方的原因,是你一直看对方不顺眼。两
个人的相处,不论爱不爱、改不改,都难有天长地久的
结局。

怎样的改变,才会让彼此更相爱呢?唯一的解答似
乎是,当自己有足够的觉察力,发现必须做出改变,才
能让双方都更幸福,这样的改变,才能召唤更多的爱,
提升更高的能量。

有位男性朋友跟我诉苦,他和女友多次分分合合,

最近两人又大吵一架，处于冷静期的他不知道该不该努力挽回这段感情。

我问他："看你如此不舍，她一定有你特别留恋的地方！"

他坦承，刚开始的爱，都是激情。后来难免在相处中有摩擦，中间还曾因为父母反对、与第三者发生暧昧而告吹。但是，令他始终念念不忘的，却是她为了这段感情做出的许多重大改变——

她本来不会烹饪，恋爱后却努力学做菜，而且常为他准备爱心便当；她本来不做家事，同居后都是她做家事；她本来不肯服输，想复合时竟会主动认错。

由于他是个很细心观察、体贴入微的男人，所以他看见她的改变，也心疼她的付出。

那为什么还是吵吵闹闹、分分合合呢？

关键在于：她对自己所做出的改变，是否真的心甘情愿？唯有为了要让自己变得更好而改变，才会真正让幸福围绕在两人之间。如果是不甘不愿地改变，怨念一定很深。光是那一股怒气，就可以烧起无名的火，毁灭爱情的城堡。

矛盾的事情，于是在这里发生——当女人不是为自己，而是为了她的男人改变，男人爱的是她的改变，而不是她的本人。那只是本能的感动，不是淬炼的感情。唯有愿意单纯地为自己而改变，心甘情愿，才会散发真正的魅力。

冷处理或不在乎？

> 所谓的"冰冻三尺，非一日之寒"，就
> 是日积月累的冷处理。囤积尚未解开的情
> 绪，纠缠愈滚愈大的心结，成为两人之间的
> 高墙，最后终于再也无力翻越。

年纪很轻的时候，我的感情经验不丰富，深信"伴
侣之间，没有隔夜仇！"的理论。换句话说，就是当天
有什么摩擦或误解，或是相处有什么问题，一定要当天
澄清、处理甚至解决。

有几次很糟的经验，就是把彼此弄得剑拔弩张，更
加誓不两立。后来，个性渐渐成熟了，觉得天下没有什
么话是紧急到非得当下说清楚，尤其两个人若有心走一
辈子，会有足够的时间慢慢思考、好好观察、细细包
容。于是不再完全同意"伴侣之间，没有隔夜仇！"有
些事情今天若说不清楚，或对方还在气头上，不妨就先
搁着，改天再说。

这个沟通法则，并不容易做好。算是危险动作，若

没练过，不能轻易模仿。因为，若要接受"不妨就先搁着，改天再说"两人之间必须有足够的理解及信任，否则熬不了多久，累积的误会和怨怒太多，感情就会"夭折"。

举凡生活里的小事，彼此处理态度不同，期望有差异，说出"你是怎么想的？""难道不能改一下你对我的态度吗？""我这样做有什么不好吗？"到比较严重的质疑："他们说的是真的吗？""你是不是爱上别人了？"你会实时回应吗？或是"等我们彼此都冷静一点时再说！"

你究竟想要搁多久？改天是要等到什么时候？光这两个问题，就可以让彼此困在僵局里。善意冷处理的态度，蔓延到最后，就是让对方觉得你根本不在乎？

是冷处理，或是不在乎？

通常不是自己说了算，关键还是对方的感受！

还记得你说过多少次"别想太多！""现在先不谈这个""改天再找时间说"吗？你即使真的觉得当下不想谈，或是你自己在逃避这个问题，推迟的次数太多，拖延时间太长，所有的冷处理都变成不在乎。

当对方的耐性用完，从"你到底要不要沟通？"变成"我知道现在说什么都没用了！"两个人的关系，已经不知不觉走到尽头。更惨的是，回首来时路，想不起来怎么会走到这一步，从"无话不说"到"无话可说"，距离长短不是问题，自由落体的速度，才会令自己心惊。

因为所谓的"冰冻三尺，非一日之寒"，在感情的世界里，就是日积月累的冷处理，囤积尚未解开的情绪，纠缠愈滚愈大的心结，成为两人之间的高墙，最后终于再也无力翻越。

我们都无权要求对方要用什么态度回应，只能要求自己在乎对方的感受。当我很爱一个人的时候，会舍不得对方难过，更别说是带着一肚子的疑问或闷气回去睡觉。

而真正在乎你的人，应该不会冷处理两人之间的关系；除非，你在他眼中十分歇斯底里。

给她自由求解脱

当你千方百计想摆脱对方的依赖时,鼓励她追求独立的人生,成为你首要的目标。有一天,她独立到不需要依赖你的时候,彼此的人生往往已经走向截然不同的两条路。

度过黏答答的热恋期,有一天他突然说:"其实你也该拥有自己的生活。"聪明的她,听到爱情的警钟,若不即刻做出改变,很可能警钟就变成丧钟。于是,她开始学法文、学跳舞、学烹饪。读过太多两性相处的书,她知道只有增加自信与魅力,才能继续吸引他的目光。

刚开始的时候,的确是这样的。她不再赖着他,不再盯着他,给他自由的空间,也让他可以重新追寻自我。但不可讳言地,她的初始动机,就是想增加自己的新鲜感与吸引力,让他还会关注她。

法文、舞蹈、烹饪……这些课程都很棒,也都如预期地吸引了他的注意。到这个阶段,爱情比从前更成

144

熟，有另一种甜蜜。各自有各自的生活、有各自的交友圈，偶尔也会有短暂的相互凝视，当目光再度交集时，看到了彼此的魅力。

接下来，各自的发展有不同的节奏，她承认自己走得愈来愈快，愈来愈远，回首从前的相处模式，觉得当时的自己确实是过度依赖，而且缺乏自信。相对地，她再认真看他时，已经觉得是两个不同世界的人。当初，他为了摆脱她黏答答的依赖，鼓励她成为独立的女人；如今，她真的做到了，却发现他并不值得她那么爱。

可是，她没有说出来，于心不忍。

这是爱情的残酷。当你千方百计想摆脱对方的依赖时，鼓励她追求独立的人生，成为你首要的目标。有一天，她独立到不需要依赖你的时候，彼此的人生往往已经走向截然不同的两条路。

有点黏，又不会太黏！说得容易，做起来何其困难！并非不能鼓励伴侣拥有独立的个性或生活，而是要看你鼓励的动机，是真心为对方好，或只是想让自己有更多不被拘束的空间。爱情的报应，往往来得很快，尤其当你并不是真心为对方好的时候，任何给对方的忠告，都会变成对自己的惩罚。

放下身段的练习

> 争吵后，不是因为个性粗枝大叶，才忽略对方给的台阶；其实是自己不肯放下身段，过于坚持不必要的立场，才让有意求和的对方，心灰意冷地离去。

她的智能型手机荧幕，突然出现一则讯息，幽默温暖的图文，令她会心一笑。那是他传给她的，算是要求和解。她随手回复说："呵呵，好笑！"化解了僵局。

前一天晚上，他们有些口角。情人吵架，总是如此，理多情薄，就算赢了口头上的优势，未必就是胜利。个性都还算成熟的两个人，当场就各退一步，十分有默契地传给对方很类似的讯息："我不想再争这个，没有意义。你早点休息吧。"尽管如此，彼此不舒服的情绪都还在。

白天忙碌的她，并非故意僵持，只是没时间去想该怎么化解。若不是他主动传来这则可爱的图文，而她也很迅速地回应，很可能彼此都会以为对方还在气头上。

有时候，这样的次数一多，感情就很可能不了了之。

　　想想啊，谁会先说对不起？意气之争过后，你是如何放下身段的？或是你总是忽略对方给你的台阶？或者，更糟的是，对方已经释出善意，给你台阶下，你还是得理不饶人，为了教训他而继续摆脸色？

　　有位男性朋友懊恼地忏悔，说他个性粗线条，有时候根本没有看出对方已经给他台阶下，还以为她仍在赌气，就这样两人关系就更加疏离。

　　他说得没错，很多伴侣都是这样一步一步走向感情的末路。可是，我总觉得，不是因为个性粗枝大叶，才忽略对方给的台阶；最关键的原因，是自己不肯放下身段，过于坚持不必要的立场，才让有意求和的对方，心灰意冷地离去。

　　当然，例外的是，对方根本就是"累犯"，每次犯错都不肯检讨或悔改，惹出一堆事端，再来请你息怒，当你铁了心的时候，就再也不会回头了。这时候，已经不是身段的问题，而是执意分手的问题。

　　每次开始争吵的时候，双方姿态都很高；当其中一方决定分手，即使另一方身段放得再低，也只是自取其辱而已。所以看破这段感情，再也不想挽回的人，就故意端起架子，让感情破裂。

爱到瓶颈的时候

爱到瓶颈的时候，其实并不需要惊慌或害怕，反而应该以冷静的心情面对，观察彼此的问题究竟出在哪里。无论是决定继续或分手，都比较没有遗憾。

少数人的爱情，是一帆风顺的。从一见钟情到白头偕老，幸福到令人嫉妒的程度。简直就是神奇到没法解释的契合，最后也只能说他们是上辈子结的缘分，注定今生要相守。

大多数人的爱情，难免要经过起起伏伏，中间甚至吵架吵到怀疑自己该不该继续下去，或是连怀疑都没有，直接喊分手。

只有那些当爱到瓶颈的时候，还能理性深思熟虑，彼此释出愿意克服难关的诚意，轮流地妥协或退让，共同找到双方都能接受的相处之道，而终于携手一生的伴侣，才能充分享受在爱中成长的幸福与乐趣。

请留意我提及的关键字句，"轮流地妥协或退让"，而不是其中一方习惯性地委曲求全，否则那样的爱或许可以继续，但毕竟不平衡。

还有，最好不要在同一个问题上，卡住太多次，长期找不到解决方案的相处模式，很难以"暂时摆一边"的方式处理，蒙蔽眼睛等同于自欺欺人。

有对情侣，平日相处还不错，但每隔一段时间，男方总会无故失踪，整个下午或一晚上。隔天女友若问："你去哪儿？"他就会发脾气，直率地说："我不喜欢被质疑，你这样问，让我压力很大！"女友觉得莫名其妙，她明明没恶意，很平常的关心，竟被说成是质疑。两人大吵一架，通常会以亲密关系收尾，直到下次他再度行踪成谜。

　　她很相信他，知道他不会去做坏事；但是，不喜欢他回答问题的态度，却也无法改变他，只好继续忍让。几年之后，他们还是因为其他原因分手。当然，分手的原因也包括累积不少类似的摩擦。总之，她觉得他的脾气很怪，不好相处。

　　事后，她跟我说："其实我们不适合，早就该分手。"言下之意她有点后悔，拖了太久。

　　从她的感情故事，我发现：时间无法证明一切，但经常发生的争吵，以及彼此处理的态度累积到一个程度，就可以证明两人是否适合。

　　爱到瓶颈的时候，其实并不需要惊慌或害怕，反而应该以冷静的心情面对，观察彼此的问题究竟出在哪里。

能够跨越瓶颈，即使一路走来坑坑疤疤，都会更加见证双方追求幸福的努力。若走不下去，努力过后，决定分手，也比较没有遗憾。

比起另外一些人的爱情，开始的时候确实甜甜蜜蜜，热恋期维持很久，平常也不会吵架或闹别扭，以为会一辈子相守下去了，却在某一方突然的劈腿中，破坏了本来以为完美的关系，变得无法挽回。

相对之下，偶尔会遇到瓶颈的情侣，比较有机会理解对方的想法，看见自己究竟在意什么呢！

见识对方的糟糕

见识对方最糟糕的一面，或许是爱情中很大的考验。若是可以渡过这一关，两人之间的爱就无所畏惧了。

热恋的时候，对方的样貌都是美好的。情人眼里出西施，就是这个道理。什么时候开始，这个完美形象会幻灭？

某次共餐后，发现对方的齿间有菜渣？某夜共眠后，被他的鼾声吵到睡不着？某个早上醒来，看见她的披头散发？

以上皆是。这些画面，的确很少出现在唯美浪漫的偶像剧男女主角身上，除非是编剧刻意要摧毁主角的形象，让他或她更平易近人一些。

但是，也可能以上皆非。最简单的论述是：如果两人之间有真爱，那些出现在柴米油盐酱醋茶之间很自然的"落漆"，绝对不会真正影响到彼此的观感，甚至还

觉得：形貌上的不修边幅或生活习惯的差异，都好可
爱噢！

　　和我交情颇深的一位女性好友，男友邀请她同居，
她正在考虑要不要答应，平常连剔牙、换衣服都不想给
对方看到的她，确实很重视个人的隐私及形象，担心太
过于赤裸裸的相处，会破坏掉彼此之间朦胧的美感。

　　其实，真正会让对方觉得惨不忍睹，甚至因此而退
避三舍的，往往不是这些只够摧毁偶像剧男女主角形象
的小小缺失，而是人生里比较大一点的遗憾。例如：发
现在约会时风度翩翩的男友，在办公室是个惯于勾心斗
角，而且是常常败下阵来的小人。又如：一个常哀怨被
前男友辜负的女人，被新男友看出她很拜金。

　　还有比以上这些情况更惨的实例，有位女孩怀疑自己被男友背叛，跟踪多时之后，亲眼目睹男友和另一个女孩上宾馆……幸好，她没有直接破门而入，进去当场拆穿男友的谎言。否则，男友出于本能保护小三的反应，很可能会更伤她的心。

　　此外，也有比较甜蜜一点的个案。曾经和男友分手又复合的女孩，说她见识过男友最糟糕的一面，是她当初决定搬走时，男友突然跪求表示愿意痛改前非的惨状，分开的那段期间，她花了很多时间，才渐渐相信男友为了挽回她的心，写在卡片上的感性告白："我人生中所经历过最糟糕的事，应该就是意识到我会失去你时的心慌意乱。"

　　见识对方最糟糕的一面，或许是爱情中很大的考验。若是可以渡过这一关，两人之间的爱就无所畏惧了。于是，有人摊出底牌，毫不介意地坦诚相见，想试探看看对方在爱情挫折面前的容忍力如何？

　　如果敢在心爱的对方面前，揭露自己最难堪的一面，这样的爱，算是很勇敢，也很自私。

　　勇敢的是，置之死地而后生，如果对方这时候不嫌弃，也没有被吓跑，将来可以长久相依的概率大增。

　　自私的是，何其残忍啊，竟用如此卑劣的方法试探对方的爱有多么深。难道你不能让自己的修养好一点，非得强迫对方接受你丑陋的一面吗？

承诺的有效期限

> 感情里的承诺，说的时候很真心，当下所爱的人听到，觉得非常感动，这就够了。如果要把承诺保留下来当证据，过一段时间再验证有没有兑现，是太残酷的事。

爱人之间的承诺，是有"有效期限"的。

即使，字里行间加上"永远"，你都要感动对方许下承诺的当下，是那么认真、那么勇敢；而不是去追究他讲的永远，究竟有多远。

感情里最大的浪漫，是懂得把握有效期限的承诺，在当下就是永远，而不是事过境迁以后，像债务般去追讨对方为什么没有遵守诺言？那只会让你更心痛，更加坚信所有的诺言都是谎言。

最近有两位朋友遇上这样啼笑皆非的事，虽然有点咎由自取，我还是觉得处境堪怜。

其中一个是女性朋友，曾经暗恋已婚男主管多年，心里明知这是不伦恋，要自己踩刹车，对方可能已经明显感觉她的爱慕之意。

一年多以后，男主管很低调地离婚，办公室里知道的人不多，他却主动找她说这件事，并且在重要的关键字句上加重语气："我知道你喜欢我，我是为你才离婚的。"

她不知道是因为刹车踩了太久，已经跑不动；或是，当初也只是一时冲动而已，并没有真正要把他从婚姻中解救出来。

总之，听见他说"我是为你才离婚"时，立刻浮上她心头的四个字是"愧不敢当"。无言的她，认为彼此已经无缘。她被自己的愧疚，逼得走投无路，只好主动离职。

办公室没人了解她突然离开的真正原因，男主管既尴尬又抱歉，仅以简讯安慰："其实你没有承诺什么，是我自己想太多。"

另一个男性朋友，是在他心仪的女生还有男友时，主动去拿号码牌挂号，字字句句、清清楚楚地说："若有一天，你离开他，请来找我，不论多久我都等你！"他没想到这一天，来得不早也不晚，就在三个月之后，他已经决定和另一个女孩交往的第二天。

感情里的承诺，说的时候很真心，当下所爱的人听到，觉得非常感动，这就够了。如果要把承诺保留下来当证据，过一段时间再验证有没有兑现，这真是太残酷的事情。

　　尤其是有过这种经验的男生，会变得小心翼翼，不敢轻易说出自己当下想讲的话，于是变成女人的另一种苦恼："说啊，你说啊，你为什么从来都不肯说你爱我？"

　　或许，他不是不爱你。只是，怕你过了一段时间后，来向他讨债："当初你不是说你爱我吗？现在呢！"无论他是否还继续爱着，这种检验承诺的方式，会让男人更加对爱却步。

创造双倍的幸福

> 真正懂爱的恋人，都是世界上最好的创造者。他带着一份幸福前来和她重逢，在相聚的时候，双方都创造了另一份幸福留给彼此。

他们是远距离恋爱，只能一个月见一次面，南来北往奔波异地。平常的时候，只能靠网络或手机里的聊天程序传达情意。

尽管彼此都知道要珍惜相处的每一刻，但因为平日没有面对面沟通，难免有些口语的误解或情绪的摩擦，累积到快要见面之前，简直就是要爆发口角了，但是想着隔天就可以见面，仿佛是用期待与喜悦化解了那些委屈。双方的想法同样都是：只要能见面拥抱，确认彼此的爱依然存在，其他都不重要了。

幸好，相隔两地时就算累积再多的委屈，都比不上短暂相聚又要离别的惆怅。月台上，他们的难分难舍，虽然没有透过交缠的肢体表达，频频相接的眼光已经说

明一切。彼此的心中，都又多了一些比从前更稳定的幸
福感。

　　原来，真正懂爱的恋人，都是世界上最好的创造
者。他带着一份幸福前来和她重逢，在相聚的时候，彼
此共同创造另一份幸福留给对方，他再带着她给的另一
份幸福离开。每一次的相聚，都创造双倍的幸福。

　　进展良好的远距离恋爱，就像幸福的活水，透过交
换彼此的心意与祝福，让双方获得足够的氧气。

　　或许，双方不能时时刻刻、日日夜夜拥抱想要的温
柔；却可以在难得相聚的那一刻，因为懂得珍惜，而彼
此创造更多。

　　反之，质量不好的恋爱，无论远距离与否，猜疑的

破坏性远高于珍惜的创造力，日积月累，增加的都是不愉快的记忆，逐渐磨损幸福的光芒，最后使彼此元气大伤。

PART—5

孤单，在想念中狂欢

只要爱过，就不害怕孤单。每一次想念，都懂得微笑着祝福。

爱的旅程，不能预订。如同烟火无论多么灿烂，终究还是要消失于夜空。

只要让幸福，成为一种信念，无论你是否追求，都已经得到。

指尖开始的爱情

当心意改变以后，流动于指尖的爱已不再，只剩下遗憾与惆怅。从指尖开始的爱情，若结束于指尖，所有曾经的温柔终将变成一种无情的残忍。

认真来说，这段爱情是从指尖开始的。

他们的第一次约会，是去看电影。星期一的早上九点半，刚到办公室打理好一切琐事，准备要开始工作了，她手机响起，传来他很有磁性的声音："这个周末一起去看电影，好吗？我先上网订票。"

握着电话的手，有点喜悦的颤抖。她的语调明显是故作镇定："好啊，当天有点事要忙，傍晚以后才有空喔！"

兴奋与期待，从周一蔓延到周末。两人见面后先去取票，然后吃了简单的晚餐。手忙脚乱地回到售票窗口，领取爆米花和可乐，跟在一排长龙后面，慢慢走进伸手不见五指的影院。

　　正式开演之后，他的手主动伸过来，轻轻握住她的手。时而两掌交叠，时而十指纠缠。随着剧情起伏，节奏有快有慢，指尖传来的温柔却款款流进心底，让她彻底感受到他的浪漫。

　　后来，从牵手逛街，到亲密上床，她眷恋他的手指，胜过其他器官。无论是牵手相握，还是挑逗她的感官，他的手指技巧太灵活、动作却温柔，令她难忘。

　　从指尖开始的爱情会不会结束于指尖？

　　还陶醉于热恋的她，有种说不出来的不祥预感。尤其看他经常盯着手机的荧幕看，像是怕错过任何一则讯息似的，每隔几分钟都要划开休眠中的画面，检查来自某个或某些神秘对象的讯息。

果然这段感情没有维持太久。

他用手机里的聊天程序，告诉她："你对我太好了，我怕你受伤！"停顿几分钟后，看她没有回复，还怕她看不懂这是暗示分手的意思，立刻追加下面这句："让我们彼此冷静一段时间吧！"

尽管她的感情阅历并不丰富，但是凭直觉就可以知道，他的心另有所属，不想跟她玩了。甜蜜的爱情游戏，到此画下休止符。若要再问"为什么?"就是自讨没趣。

当心意改变以后，流动于指尖的爱已不再，只剩下遗憾与惆怅。

悄然从爱情中引退的她，开始漫长的疗伤期。

　　她渐渐知道：从指尖开始的爱情，若结束于指尖，所有曾经的温柔终将变成一种无情的残忍。

　　她偶尔还是会怀念他的指尖，却无法想象他在手机上输入分手的讯息时，用的会不会同样是当初轻轻抚触她唇边的那根手指？

恋人的十八相送

> 只有接受分离，期待相聚，并且把相聚
> 与别离当作人生的常态，才能减轻心中的在
> 意与痛苦，坦然在相聚与离别之间，安顿自
> 己的身心。

从小常搬家、转学、换环境，有几年是连家人都聚
少离多，更遑论是和宠物、朋友分开。我在青少年时期
就意识到，自己有分离恐惧症。长大之后，经历更多的
生离死别，每一次都是心灵的锻炼。

还不是很懂事的时候，我误以为若要避免分离的痛
苦，只能减少相聚的次数，甚至不要结交太多朋友。就
这样，孤僻的情况愈来愈严重，其实比无法好好面对分
离更难过。

后来，才渐渐知道：只有接受分离，期待相聚，并
且把相聚与别离当作人生的常态，才能减轻心中的在意
与痛苦，坦然在相聚与离别之间，安顿自己的身心。

有过这样的经验，看到地铁站接近末班车时刻，有

恋人在依依不舍话别，如同黄梅调电影《十八相送》的场景，就觉得既可爱又心疼。

女孩送男友到刷卡处，两人都没有多讲话，只用难分难舍的眼神交流，随着时间慢慢逼近，男友缓缓后退，女孩目送他上手扶梯，直到他的身影消失在楼层的最后一阶。

另一个场景发生在办公室里，因为赶一个项目而加班，同仁用网络聊天软件跟女友道晚安，已经"88"往返很多次，贴图和动画都送过了，彼此还是在线状态，除非另一端显示离线，他才觉得自己没有辜负对方。

这一幕，让我想起很多恋人刚开始坠入情网时深夜的电话热线，总是要三催四请，还是不肯挂断，即使两人约好"数到1、2、3——一起挂断喔!"但多情到痴傻的两个人，说什么都还是不肯先挂掉电话。

还有个男孩在网上认识女孩，两人每天都在网络上聊到天亮，很舍不得说再见。才交往两个多星期，他接到女孩的电话，说她急症住院正准备开刀。他本来以为是简单的手术，她却从此没有出院。消息传来，如同晴天霹雳。他后悔不曾好好跟她道别，而此生已经无缘再见。

在爱到不得不分离的时刻，我们都不愿意成为那个先说再见的人，仿佛先转身走开，就显得比较失礼、比较无情。

　　偏偏，生命有些时候，是无法自主决定谁要先离开，即使有那么多迟迟不愿说出口的再见，并不会因为你的留恋而让该分开的这件事情延迟发生。于是，措手不及成为相爱的人在不得不离别时最大的遗憾。

　　相爱的时候，就要为分离做准备。

　　无论最后分离的原因是什么，这是另一种"置之死地而后生"，让我们更懂得珍惜相聚的当下。

　　唯有经历无数的分离，才会发现：再见，真的不容易说。

　　尤其，热恋的时候说"再见"和分手的时候说"再见"，需要的是截然不同的情绪与勇气。前者，是真的期待再相见；后者，是永远都不再相见。

我真的好爱你

> 爱情真的十分吊诡，只有在你很确定他
> 即将会回答"我好爱你!"的前一瞬间问
> "你爱我吗?"才有意义。否则，所有关于爱
> 与不爱的问答都十分多余。

如果"你爱我吗?"是不该随便提出的问题，那么
"我好爱你!"就是不该随便给出的承诺。不论你的目
的是为了讨好、肯定或赞赏。

热恋的时候问"你爱我吗?"表示你已经开始在意
对方了，这时候的"你爱我吗?"其实等同于"我好爱
你!"甜蜜固然毋庸置疑，只不过"先说爱的人就输
了"是肤浅短暂爱情的定律。在你确认对方真心诚意，
可以跟你付出等量的爱情之前，请不要问"你爱我
吗?"也不用说"我好爱你!"

当对方已经意兴阑珊时，问"你爱我吗?"其实是
自讨没趣，他已经表现得那么明显了，推延着没有分
手，就是在等你自己主动一刀毙命，还要这么自取其辱

吗？若还要在这时候说"我好爱你！"就是毫无尊严的死缠烂打了。

在床上激情的时候问"你爱我吗？"很明显是画蛇添足的败笔，而且不分男女。跟在这问题后面的答案通常是"不然我现在是在干吗？"此刻说"我好爱你！"也是多余，不如用更热烈的身体回应对方吧！

经历感情的重大挫折，或人生患难之后，重新问"你还爱我吗？"或许还有一点意义，在彻底的忏悔中，等待对方具体的承诺，或给对方自由。前者，皆大欢喜；后者，做个了断。

爱情真的十分吊诡，只有在你很确定他即将会脱口而出地回答"我好爱你！"的前一瞬间问"你爱我吗？"

才有意义。否则，所有关于爱与不爱的问答都十分多余。

唯一例外的是，当你病痛或年迈时，不需要问什么、说什么，对方还会紧紧握着你或抱着你，在你的耳边说："我真的好爱你！"这时候的爱就值得一切了。但是，太悲凉了。我相信你还是不会想要在这种时候得到这句话。

特别要留意的是，无论什么时候，都不要让"我真的好爱你！"变成刻意的奉承或一味的讨好。那将会贬损你的身价，降低爱情的格调。

想念打包的幸福

　　爱情是一根魔杖，让这些小小的不经意的习惯动作，在热情中变得可爱。当热情消退时，成为障碍；分开以后，却又想念不已。

　　虽然她来自富裕的家庭，但良好的家教让她养成节省的习惯，餐馆没有吃完的食物，一概打包处理。即使是啃一根德国猪脚剩下的骨头，都要打包回去给管理员养的大狼狗吃。

　　刚开始，他觉得这个画面好可爱——富家千金手提着名牌包，里面装的竟是一根从剩菜残羹里打包给狗吃的骨头。

　　两个人相熟以后，男人爱面子的特质难免发作。

　　有一次吃泰国料理因为菜叫得太多，鲜虾粉丝煲和月亮虾饼都各剩下一点，若坚持要把它吃完，实在有点困难，但如果是要打包又因为分量不足嫌难看。

　　他的犹豫并未影响她的习惯。她伸出纤纤小手对服务员一挥，两盒打包的餐点已经送到眼前。他为此有点不悦，她觉得没什么问题。

打包，已成为她的习惯。

她和家人外出吃饭，看到他爱吃的咸鱼鸡粒炒饭，刻意多点一客打包带回，还骗他说："点太多了，根本吃不完，没人动筷，你放心吃。"未辨真假的他，认真享受当下的幸福。

不过，后来他们还是分手了，各自有了新的交往对象。

每次他和新女友外出吃饭，眼前剩下一些饭菜，都会想到她打包的习惯。过去那些逼他"快把东西吃完，不然我就要打包"的甜蜜威胁，如今在回忆里还闪闪发亮。

　　新女友问他："你在想什么?"

　　他讪讪地傻笑，回答："我在考虑要不要打包。"

　　新女友不可思议地反问："不会吧，就只剩下那几口冬粉耶?"

　　离开餐厅的他，忽然好怀念过去那些时光。眷恋着打包的幸福，以及前任女友的习惯。

　　每个人总有一些习惯，是非常下意识的动作，当时并没有考虑为什么，事后也很难说对错。只不过爱情是一根魔杖，让这些小小的不经意的习惯动作，有了以下的变化——在热情中变得可爱。当热情消退时，成为障碍;分开以后，却又想念不已。

你爱我有多深？

> 愚笨的女人总是为了赢得男人的重视，不断让自己"出错"吸引他的注意，于是开始恶性循环，男人跟这样的女人在一起并不会快乐，他始终觉得自己在收拾残局。

未经世事的女人常很认真地问男人："你爱我吗？"

历练丰实的女人，很少问："你爱我吗？"

若是她问了，表示她想调情而已。

感情经验足够的女人，关心的问题不是"你爱我吗？"而是"你爱我有多深？"

然而，"你爱我有多深？"这样的问题，从来就问不出真正的答案，而要靠自己观察。例如：他肯花多少时间在你身上？

这里的时间，并非指绝对的时间长短，而是相对的时间付出。

一个每天工作超过十二个小时的情人，愿意心无旁骛地陪你喝一杯咖啡，已经够感人了，不是吗？问题是，我们总想贪心地多要一些，能不能续杯？

他把你放在哪一个优先级上？很多情况是不能比较的。但是，多数女人会比较这些，"我跟你妈同时掉进海里，你会先救谁？"这是一个很典型的问题。热恋到失去理智的女人，不仅拿自己和对方的妈妈比较，也会拿自己和对方的工作比较，试图去考验男人的耐性和抉择，"你说，哪个更重要"？

应付类似的问题，男人总是疲于奔命，女人也因此变得愈来愈不可爱。对男人来说，情人、妈妈、工作，优先级没有一定，而且缺乏时间管理观念的男人，常会忽略先做重要的事情，而把时间花在紧急的事上，换句话说，哪个先"出错"，哪个就是他关心的重点。

偏偏，愚笨的女人总是为了赢得男人的重视，不断让自己"出错"吸引他的注意，于是开始恶性循环，男人跟这样的女人在一起并不会快乐，他始终觉得自己在收拾残局。

聪明的女人不会刻意去为难男人，问他："工作、你妈和我，哪个重要？"因为对男人而言，都一样重要。女人唯一要提防的是，他的前女友或前妻，有没有在这个选项里？如果他认为，你和他的前女友或前妻的重要性一致，确实就是危机了。

想知道"你爱我有多深？"这个问题的答案，还可以观察他究竟是否真的在意你，是否舍不得你生气。

举个最简单却也最残酷的实例吧。如果他常常为隐瞒自己的行踪，而刻意关机或假装信号不好，让你牵挂他的去向，甚至是背着你劈腿，那么"你爱我有多深?"的答案已经昭然若揭。

就算他口口声声说"我是爱你的!"你也要知道那只是他惯用的口号而已。你若还相信这样的鬼话，表示你的判断力也有问题，难怪会跟这种人混那么久。

或许，他是爱你的，只是爱得不够深。

请相信我，爱你爱得不够深，比不爱你更惨千百倍。

他完全不爱你，死心离开就是了。他爱你爱得不够深，你若离不开他，只是徒然浪费你的青春，而且还让你痛不欲生。

愚笨却认真的痕迹

> 哪个人在爱情中，没有做过一些令自己感动的蠢事呢？或许它没有感动到对方，只有自己在黯然神伤后露出微笑——原来，我曾经这样毫无保留地付出过！

每段爱情结束之后，我们都会看见自己曾经愚笨却认真的痕迹。如果爱情走了，对方无情地什么都没有留下，至少可以给自己一个嘉奖，肯定自己的认真与努力。

看见好友在网络上廉价抛售餐饮券及住宿券，我的感触很深。她跟一个科技业的男生相恋半年多，对方工作很忙碌，约会都是靠她安排吃喝玩乐的行程。

"谢谢你这么用心张罗，让我可以好好在难得的假期中放松自己。"他曾经在浪漫的户外温泉池，非常动情地对她说。正因为这样的鼓励，她去旅展购买很多餐饮券及住宿券，配合他的假期，预约很多行程。

难以预料的是，这些餐饮券和住宿券用了不到三分之一，两人就因为沟通上的问题而分手。决心设定停损点的她，赶在有效期之前，上网廉价抛售这些票券。尽管回收了部分成本，还是无法弥补她的伤心。

望着那些拍卖的网页，以及买家的杀价询问，她失落地跟我说："每成交一笔，就看到自己当时愚笨却认真的痕迹。"

这句话让我很心疼。哪个人在爱情中，没有做过一些令自己感动的蠢事呢？或许它没有感动到对方，只有自己在黯然神伤后露出微笑——原来，我曾经这样毫无保留地付出过！这一切，就很值得啊。

比较难能可贵的是：我们有没有办法，永远留住这些愚笨却认真的痕迹，然后化为追求下一段幸福的勇气！还是往另外一个负面的方向发展：我们愚笨过几次以后，渐渐学会自以为是的聪明，开始对感情玩世不恭，再也无法像从前那样全心全意地付出？

当我们在几段爱情结束后，感觉自己成熟了，也世故了，很难再为小小的感动微笑，也不再容易伤心哭泣。或许，这个时候，我们才是那个损失最大的人。因为我们终究失去的是追求真爱的单纯与勇气。

你要行李或家具?

爱情对你来说，是行李还是家具，决定
了你要的幸福，会以怎样的形式出现，会和
你在一起多久。

每个人在年纪很轻的时候，多少都会向往爱情。无
论启发你的是小说、电影，还是荷尔蒙。但是，我们通
常要经过很多次恋爱，才会知道需要伴侣的终极意义。

刚开始的时候，大多数的人并不清楚，以为只是在
找一个可以聊天、喝咖啡、看电影，进而倾诉心灵、拥
抱肉体的对象……其实这些都是爱情在热恋阶段的形式
而已。接下来，爱情会化身为另一种模样，并非它本来
的面目如此，而是你要它成为什么?

喜欢往外跑的人，把爱情当成随身行李。有人始终
如一，永远拿同一个背包;有人喜新厌旧，不停换包
包;有人说，因为行程远近不同，行李箱当然要用不一
样的。

　　偏好待在家里的人，把爱情当成家具。你说这样安定的感觉真好，实情则是未必如你想象。选购家具，决定于主人的心态。就拿选一把椅子来说吧！有些主人要实用好坐的；有些主人重视造型；有些主人，买了心中最爱的椅子，却舍不得坐，甚至要用套布包住，只留待有客人造访的时候，才会打开炫耀。

　　爱情对你来说，是行李还是家具，决定了你要的幸福，会以怎样的形式出现，会和你在一起多久。

　　世事很难两全，要将古董贵妃椅，带到天涯海角去，确实很不容易。如果你酷爱旅行，却只中意古董贵妃椅，只能劝你旅行时早去早回，到家以后就多花点时间躺在古董贵妃椅上。千万别辜负它！或许，小别胜新婚的观念，会是你们的爱情保鲜剂。

　　旅行中，你还会看到很多家具，如果你心心念念、记记挂挂的，都还是家里的那张古董贵妃椅，你懂得珍惜自己的屁股，宁愿席地而坐，也不肯随便迁就，表示你的爱情已经千锤百炼，幸福到可以传家的地步了。

爱情不是追求来的

爱情从来就不是追求来的；顶多只能激励自己跑快一点，让对方看见诚意与努力，然后吸引他自动跟上来。这样的幸福，才会长久。

每次在聚会时听到感情故事分享，当事人若强调之前是多么辛苦追求，才可以让幸福到手，大家都很慷慨地给予热烈掌声，肯定他们"精诚所至，金石为开"的经验，简直就是励志全集了。

可是，我心中往往不是这样认为的。这些幸福伴侣的分享，只是要让大家在茶余饭后聊天时，增加趣味的笑点而已，并不是真的苦苦地穷追不舍，才把对方追到手的。

因为，爱情从来就不是追求来的。顶多只能激励自己跑快一点，让对方看见诚意与努力，然后吸引他自动跟上来。这样的幸福，才会长久。

我看过太多苦苦追求爱情的人，其实永远都落在幸福的后头。即使努力到最后，终于得到一段被称为"有情人终成眷属"的感情，他还是没有真正地感觉快乐。

原因不是对方表现高高在上、盛气凌人的样子，就是自己很没信心、随时都怕失去对方。

对于苦苦追求的人来说，爱情常沦为一座奖杯。他可能以为自己很可能永远得不到，突然得到时，又认为自己只是一时侥幸。他未必会真的懂得珍惜；尤其是当他觉得自己不配的时候，奖杯对他而言，只是一种"名不副实"的羞辱。

有位男士问我："万一我跑太快，对方没追上怎么办?"其实，那代表她不够爱你，或双方节奏不合。不必对这样的结果感到遗憾，尽管努力向前跑去，会有另一段幸福在前面等你。

　　当然，你不必自视甚高，以唯我独尊的方式跑在人群的最前面，那会让你感到非常孤独。幸福的意义，在于彼此陪伴，而不是领先对方，也不是刻意落后。

　　如果对方爱好自由，你更不可以苦苦追求。你要把自己打理得更好，让他深深眷恋，舍不得离开你太远。

　　真正的爱，是愿意给对方所有的自由；而他逛逛走走之后，还是认为只有跟你在一起的时候最快乐。

听说他们复合了

　　眼看着心爱的他，选择一个他爱的人，你实在无法真心祝福。这时候，你还巴不得回到当时单纯的暗恋，对其他别无所求的时光。那时候的关系很美，因为充满渴望与想象。

　　如果暗恋一个人很久，没有具体的结果，不久之后，他的好消息，往往是你的坏消息。

　　甚至你已经很公开地拿着爱的号码牌，一心以为下一个就会轮到你，结果却又落空时，那种感觉已经不只是难过，简直就是难堪了。

　　这一关，对你来说，很过不去。

　　你十分伤心，我懂。

　　更何况，这次他选择的对象，不是排在你前面拿着更优先号码牌的对象，也不是插队捣乱的家伙，而是旧爱，一个手上没有任何号码牌的女孩。他竟决定和前前女友复合。

　　如果他选择的对象，是排在你前面号码牌的女孩，你会比较没有话说。尽管，你心中不屑地认为：爱情，是没有先来后到这一回事的。但是，至少对方也来排队了，而且比你排得更久。

假使他是被插队捣乱的家伙给诱拐，你也会觉得无话可说。这年头，敢于横刀夺爱的人太多了，你甘拜下风。

最令你不能忍受的，是他跟旧爱的复合。

这个事实打破了你之前的两个迷思。

第一，他曾经说过和她已经不可能了，虽然两个人都已经是单身，但只会是家人或朋友，究竟是他说错，还是你听错？为此，你疑惑好久。

第二，大家不是都说"好马不吃回头草"吗？难道这个事实，证明他确非一匹好马？所以是你的眼光出差错。

不管你怎么想、多么难过，总之他就是选择和前前女友复合，而且所有认识双方的朋友，还在脸书上公开地恭贺他们破镜重圆，而你在献上祝福的场面话之后，心酸地在私底下找一百个理由，预测他们应该熬不过太久……

可是，这个时候的你，已经没有勇气再抽取一张号码牌，重新站在队伍的最后。

感情的真相，往往因为太残酷而令人却步。

眼看着心爱的他，选择一个他爱的人，你实在无法真心祝福。这时候，你还巴不得回到当时单纯的暗恋，只愿偷偷看他一眼，对其他别无所求的时光。那时候的关系很美，因为充满渴望与想象。

听说他们复合了，后来他把话说明白，他只是习惯有她的日子。

至于他们之间所存在的，究竟是爱还是习惯，其实也都不重要，因为这一切都已经跟你无关。

错过多年的告白

> 会不会是因为我们都不够勇敢，所以错过机会去相爱一场，还自以为文青似的，悼念着当年留下的美丽遗憾。

他们在冰天雪地的异国街头重逢。他新婚不久，她依旧单身，来美国探访亲友。雪花飘落在落地窗前，他们喝着咖啡叙旧。聊着那些年，他和她，以及一群老朋友的往事。

不知道哪来的勇气，他倏地提起，出国之前那段日子，曾经暗恋过她，还曾寄出一张圣诞卡，表达爱慕的心意。她以大笑掩盖害羞，推却地说："真的吗？你乱讲，我怎么都没有发觉。"

结了婚的男人，显然比较没有顾忌，说笑都能放得开。倒是未婚的她，更显得矜持。离开咖啡馆的时候，她的心里还是有些纠结，既祝福又怨恨。

多年前的那张圣诞卡片，到现在她还摆在抽屉里。

哪有什么爱慕的话呢？只不过写着："一年将尽，还好有张卡片，可以传达我的祝福。"当时，她有认真猜测过他的心意，但爱意实在太不明显，所以才被搁置了这么久。

然而，一切都不重要。她还是一个人，他已经有家庭。那些年，她的确对他也有过好感，曾经在心底澎湃汹涌，却成为昨日的浪花。即使她勇敢地重返岸边，亦不复见沙滩上的足迹。

听完她的故事，我也不免细数年少的爱恋。那些试图说出，后来终究没有说出的情话，或许也曾化为一张卡片，只是对自己有个交代罢了。我们曾经心心念念想着对方究竟读懂了没，却忘记在寄出去之前，审视自己有没有把想说的话写得够清楚，把想给的爱说得够明白。

　　会不会是因为我们都不够勇敢，所以错过机会去相爱一场，还自以为文青似的，悼念着当年留下的美丽遗憾。然后，还沾沾自喜地以为，幸亏当时没有鲁莽，才能留下这些云淡风轻的记忆，在心中好好地珍藏。

　　任雪花飘落，让冰霜冻结，单身的人心底，都有一个未完的圣诞节。

回不去的风景

> 我们总认为去程之后必定有回程，所以才在折返的路上掉以轻心。如果，感情真是一条只去无回的不归路，相爱的人应该会永远保持戒慎恐惧吧。

专家指出，当人类从甲地出发到乙地，会觉得时间比较长，从乙地返回甲地时，会觉得时间相对缩短。那是因为去程透过眼睛的视觉和其他感官的交互作用，不断探索行经路线的环境变化，回程时已经熟悉经历过的风景，大脑也不必太费力，所以觉得比较快到达。

这，就是人生啊！

多愁善感的女性朋友，听到我分享的研究报道，感叹很深！原来，我们都仗势去程之后必定有回程，所以才在折返的路上掉以轻心。如果，感情真是一条只去无回的不归路，相爱的人应该会永远保持戒慎恐惧吧。

很明显地，她的感叹是有语病的。在时间的河流里，感情和人生都是不归路，谁能够真正回到过去呢？

　　但是，我知道她想表达的意思，多数人在谈恋爱的时候，总是以为即使短暂分开，还是随时可以回到对方的怀里，不论是上学、工作、出差、出国，都很放心地去做自己想做的事。如果每一次出发都会闪过一个念头"我可能再也回不来了"，或许会对眼前的人事物认真以待，至少好好说声"再见"吧！不会轻率地、头也不回地，就这样离开。

　　爱，毕竟是矛盾的。彼此熟悉之后，你要让对方放心，但也不能太放心。因为有时候对方一旦放心，就失去了爱的动力。你要对他放心，但也不能太放心，因为你要提醒自己，对方没有理由要继续爱你，这样双方才能更加珍惜拥有的一切。

关于爱情的那片风景，唯有流连忘返的伴侣，才有可能拥有愈久的幸福。

大多数的恋人，在刚陷入情网的阶段，总是费尽心力探索彼此，希望尽快熟悉对方的一切；等到真的彼此熟悉以后，就松懈对爱的探索。

直到有一天，发现自己再也回不去那片曾经的风景，才知道已成为对方生命的过客。

不能预约的旅程

　　爱情是不能预约的旅程。提早准备，未
必有用。

　　计划，赶不上变化。这永远是人生的常
态，也是爱情逃不过的定律。

　　暑假才刚开始，可以看到跨年烟火的五星级饭店已
经开放预订，却总是以秒杀的速度额满。

　　若是感情已经很稳定的伴侣，会想要花双倍的钱来
预订可以看跨年烟火的房间，显示他们很会享受浪漫。
若是还在热恋期的情人，夏天没过完就在预订跨年的房
间，代表他们对爱情真的有很大的期盼。

　　只可惜，爱情是不能预约的旅程。提早准备，未必
有用。

　　有个年轻的男子，费尽千辛万苦去追求心爱的女
子，好不容易告白成功，开始正式约会时，已经是秋天
的事了。他计划要跟这个女孩跨年，愿意倾尽手边可以
动用的存款，想要预订台北景观饭店的烟火套房，可惜

预订时被告知已经全数被订满。他还是不死心，预约候
补，看是否有人会临时退订。

　　既然台北的房间这么满，他预备的替代方案是带着
女友去香港，上网预订维多利亚港附近的酒店，就算房
间看不到烟火也没关系，可以牵手漫步，和香港人与观
光客一起疯狂。

　　计划，赶不上变化。这永远是人生的常态，也是爱
情逃不过的定律。圣诞节来临前的一个星期，女孩提出
分手。莫名其妙的理由是："我还忘不掉前男友！虽然
跟你在一起很快乐；但你付出愈多，我就更担心伤害你
愈深。"

　　欲哭无泪的他，退掉当初预约香港的旅行，并非为

了省钱，而是善良的他心想：至少可以成全另一对临时想要去香港跨年的情侣。

　　退掉香港豪华酒店的第二天，台北的五星级酒店专员通知他："有人退房，您候补成功！"

　　敏感的他知道：很可能地球上的某个角落，有个男人跟他一样失恋了。

　　原本满心期待要和心爱的人共看跨年的烟火的他，如今形单影只。

　　后来，他还是订下了台北五星级酒店候补成功的烟火套房，享受一个人的孤单。那晚，当人们倒数着5、4、3、2、1——他的眼泪一行一行流了出来。

　　爱的旅程，不能预订。为了失去的爱而流出的眼泪，也同样防不胜防。哭完了，明天还是要继续，新年依然要开始。一个人的跨年烟火，成为一种告别的仪式。把伤心留在爱情离开的地方，如同烟火无论多灿烂，终究还是要消失于夜空。